Wildplakatierungen

Europäische Hochschulschriften

European University Studies

Publications Universitaires Européennes

Reihe II   Rechtswissenschaft

Series II   Law

Série II   Droit

Band/Volume   **5477**

Alexandra Giering

Wildplakatierungen

Eine Begutachtung unter zivil- und
wettbewerbsrechtlichen Aspekten

Bibliografische Information der Deutschen Nationalbibliothek
Die Deutsche Nationalbibliothek verzeichnet diese Publikation in der Deutschen
Nationalbibliografie; detaillierte bibliografische Daten sind im Internet über
http://dnb.d-nb.de abrufbar.

Zugl.: Göttingen, Univ., Diss., 2013

Gedruckt auf alterungsbeständigem,
säurefreiem Papier.

D 7
ISSN 0531-7312
ISBN 978-3-631-64442-3

© Peter Lang GmbH
Internationaler Verlag der Wissenschaften
Frankfurt am Main 2013
Alle Rechte vorbehalten.
PL Academic Research ist ein Imprint der Peter Lang GmbH.
Peter Lang – Frankfurt am Main · Bern · Bruxelles · New York · Oxford · Warszawa · Wien

www.peterlang.de

Inhaltsverzeichnis

Einleitung

§ 1 Plakatierungen

Täglich nehmen Menschen – bewusst oder unbewusst – Plakate oder Aufkleber wahr, die an verschiedensten Stellen im öffentlichen Raum angebracht werden. Der Inhalt dieser Plakate oder Aufkleber ist vielfältig und reicht von ideellen (z. B. politischen) Meinungsäußerungen über Veranstaltungshinweise (z. B. für Partys, Konzerte oder Zirkusaufführungen) bis hin zu Produktwerbung (z. B. für Autos oder Getränke). Für Plakatierungen stehen im öffentlichen Raum eine Vielzahl von Flächen zur Verfügung, die sich zum Plakatieren eignen, auch wenn sie dafür im Einzelfall nicht vorgesehen sind. Zu denken ist in diesem Zusammenhang an für Plakatierungen vorgesehene Anschlagsflächen (z. B. Anschlagssäulen oder -tafeln) oder auch an Hauswände, Brückenpfeiler, Zäune, Telefonzellen, Streusandkästen oder Mülleimer. Abhängig von dem Zweck, der mit den Plakatierungen verfolgt wird, sowie der Person, auf welche die Plakatierungen zurückzuführen sind, ist zwischen privaten und kommerziellen Plakatierungen zu unterscheiden.

A. Private Plakatierungen

Private Plakatierungen sind dann gegeben, wenn Privatpersonen mittels Plakaten oder Aufklebern, die sie in der Öffentlichkeit angebracht haben, ihre Meinung zu einem bestimmten, oftmals politischen Thema (z. B. „Atomkraft – Nein Danke!") oder ihre Verbundenheit z. B. zu einer Musikgruppe oder einem Fußballverein kundtun wollen. Darüber hinaus fallen unter private Plakatierungen auch Fälle, in denen Aufkleber als Alternative zu Graffiti im Rahmen der Street-Art verwendet werden.

B. Kommerzielle Plakatierungen

Kommerzielle Plakatierungen dienen einem geschäftlichen Zweck, dem Werbezweck. Im heutigen Wirtschaftsleben spielt Werbung eine wesentliche Rolle, um Zielgruppen der Werbung zu einem bestimmten (Kauf-) Verhalten zu veranlassen.[1] Neben der Möglichkeit, Werbung mittels Fernsehen, Radio, Kino oder Zeitungen zu betreiben, stellen vor allem Plakate ein wirkungsvolles Medium dar, die Aufmerksamkeit der Bevölkerung auf die beworbenen Produkte oder Dienstleistungen zu lenken. Dabei bietet Plakatwerbung im Vergleich zu anderen Werbeformen den Vorteil, dass diese Art der Werbung relativ kostengünstig ist.[2] Zudem kann der mit der Plakatwerbung einhergehende Kostenaufwand durch die Anzahl der anzubringenden Plakate und die Standortauswahl der Anschlagsflächen dem jeweils vorhandenen Werbeetat bestmöglich angepasst werden. Ein weiterer Vorteil ist darin zu sehen, dass sich die mit Plakaten verbundene Werbewirkung, abgestimmt auf die Zielgruppen und die regionalen Bestimmungsorte, gut steuern lässt.[3] So kann das werbende Unternehmen durch gezielte Auswahl der Anschlagsflächen verstärkt auf bestimmte Zielgruppen einwirken.[4] Schließlich ist auch die Effektivität dieser, während eines gewissen Zeitraums stets präsenten Werbemittel nicht zu unterschätzen. Zwar ist es Plakaten eigen, dass Passanten diesen regelmäßig keine bewusste Aufmerksamkeit schenken, sondern diese nur unbewusst wahrnehmen;[5] dennoch kann auch bei unbewusster Wahrnehmung die Häufigkeit der Konfrontation mit demselben Plakat das Konsumverhalten beeinflussen.[6] Aus diesen Gründen stellen kommerzielle Plakatierungen eine beliebte Methode werbender Unternehmen dar, Interesse an Produkten oder Dienstleistungen zu wecken.

§ 2 Wildplakatierungen

Problematisch im Zusammenhang mit privaten und kommerziellen Plakatierungen ist jedoch die Tatsache, dass Plakate und Aufkleber oftmals rechtswidrig angebracht werden (sog. „Wildplakatierungen"). Gegenstand dieser Abhandlung ist daher die Untersuchung der rechtlichen Folgen von Wildplakatierungen, wobei vor allem (allgemein-)zivilrechtliche und wettbewerbsrechtliche Fragen im Mittelpunkt stehen.

---

1   Vgl. Gloy/Loschelder/Erdmann/*Erdmann*, Handbuch des Wettbewerbsrechts, § 39 Rn. 1.
2   *Schweiger/Schrattenecker*, Werbung, S. 285.
3   *Kloss*, Werbung, S. 368; *Schweiger/Schrattenecker*, Werbung, S. 285.
4   Vgl. *Kloss*, Werbung, S. 368.
5   *Kloss*, Werbung, S. 365.
6   *Florack/Scarabis*, Gehirn & Geist 2002, 26, 29.

A. Erscheinungsformen von Wildplakatierungen

Der Begriff der Wildplakatierungen erfasst unterschiedliche Handlungsvarianten. Zum einen sind unter Wildplakatierungen die Fälle zu fassen, in denen der Plakatierende, ohne dazu berechtigt zu sein, Plakate oder Aufkleber auf Anschlagsflächen anbringt, die für Plakatierungen vorgesehen sind. Diese Form des Wildplakatierens kann sowohl durch erstmaliges Bekleben der Anschlagsfläche als auch durch Überkleben von auf der Anschlagsfläche bereits vorhandenen Plakaten oder Aufklebern auftreten. Die Gründe für derartige Wildplakatierungen sind vielfältig und reichen von der strategisch günstigen Lage der Anschlagsfläche, die sich ein werbendes Unternehmen zunutze machen will,[7] bis hin zur Ersparnis der für die Anmietung von Anschlagsflächen anfallenden Kosten. Werden durch Wildplakatierungen fremde Plakate überklebt, stellt oftmals auch die Ausschaltung fremder Werbung einen Grund für derartige Wildplakatierungen dar.

Zum anderen können Wildplakatierungen in der Form auftreten, dass Plakatierungen auf Flächen erfolgen, die nicht zum Anbringen von Plakaten oder Aufklebern bestimmt sind. Diese Form der Wildplakatierung findet sich einerseits an öffentlichen, nicht der Werbung dienenden Einrichtungen (z B. Schaltkästen im öffentlichen Straßenverkehr mit Hinweis auf Plakatierverbot). Andererseits können diese Wildplakatierungen auch im Rahmen bestehender Vertragsverhältnisse (z. B. Mietvertrag über die plakatierte Fläche) auftreten. Denkbar sind in diesem Zusammenhang Fälle, in denen Mieter an der Außenfassade oder an der Außenseite eines Fensters des von ihnen angemieteten Objektes Plakate oder Aufkleber anbringen, mit denen sie für eine Verbesserung ihrer Wohnsituation, z. B. für den Bau einer Südumgehung zur Reduzierung des Verkehrsaufkommens, demonstrieren oder ihre Sympathie für eine Friedensbewegung kundtun.

B. Fallgruppen der Wildplakatierungen

Mit Blick auf die Wildplakatierungen werden im Folgenden zwei Fallgruppen unterschieden:

---

7   Vgl. *Schweiger/Schrattenecker*, Werbung, S. 285.

13

Eigenplakatierung

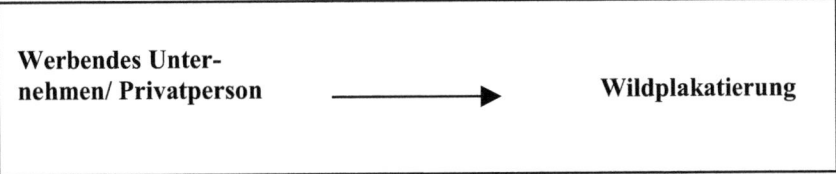

Die Fallgruppe der Eigenplakatierung behandelt die Fälle, in denen Wildplakatierungen von einer Privatperson oder einem Unternehmen, das mit Plakaten seine Produkte oder Dienstleistungen bewirbt (sog. „werbendes Unternehmen"), selbst vorgenommen werden. Die Plakatierungen durch das werbende Unternehmen erfolgen dabei entweder, abhängig von dessen Rechtsform, durch ein Handlungsorgan bzw. dessen Inhaber oder durch einen seiner Mitarbeiter.

Auftragsplakatierung

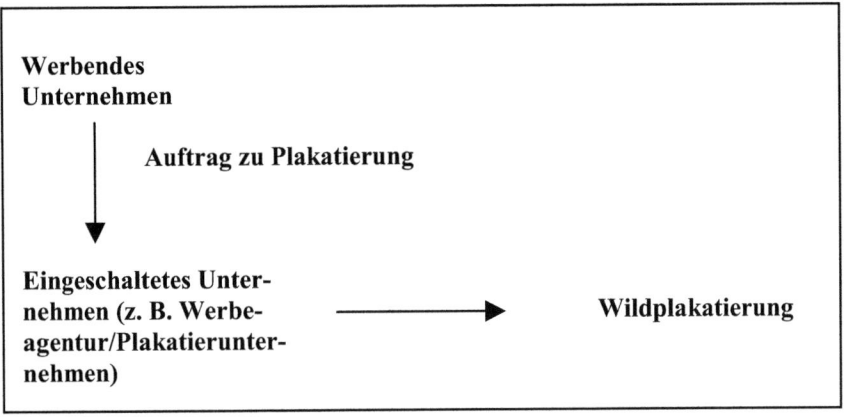

Die Fallgruppe der Auftragsplakatierung befasst sich mit Fällen, in denen das werbende Unternehmen nicht selbst plakatiert, sondern für die Plakatierungen ein externes Unternehmen einschaltet (sog. „eingeschaltetes Unternehmen"). Bei dem eingeschalteten Unternehmen kann es sich dabei um ein Plakatierunternehmen handeln, dessen Auftrag auf die Vornahme von Plakatierungen gerichtet ist, oder um eine Werbeagentur, die im Rahmen der beauftragten Planung und Durchführung einer Werbekampagne für das werbende Unternehmen auch Plakate anbringt.

C. Bekämpfung von Wildplakatierungen

Die Möglichkeit der Bekämpfung von Wildplakatierungen setzt zunächst einmal deren Aufdeckung voraus. Zu diesem Zweck sind mittlerweile, wie sich aus mit Unternehmen und Verbänden geführten Gesprächen ergab, einige im Plakatiergewerbe tätige Unternehmen dazu übergegangen, Mitarbeiter zu beschäftigen, deren Aufgabe im Wesentlichen darin besteht, nach Wildplakatierungen Ausschau zu halten.

Werden Wildplakatierungen entdeckt, sind die vorrangigen Ziele darin zu sehen, die Wildplakatierungen schnellstmöglich zu beseitigen und die für die Wildplakatierungen Verantwortlichen haftbar zu machen. Für die Realisierung des letztgenannten Zieles bedarf es dabei einer Klärung der Identität desjenigen, der für die Wildplakatierungen verantwortlich ist. Die Identität kann regelmäßig dann unproblematisch festgestellt werden, wenn der eigentliche Wildplakatierer und das werbende Unternehmen identisch sind. Das wild plakatierende, werbende Unternehmen lässt sich in diesen Fällen meist durch den Inhalt des Plakats ermitteln, das entweder das werbende Unternehmen namentlich benennt oder z. B. bei einer Veranstaltung zumindest den Veranstaltungsort angibt, an dem der Veranstalter ausfindig gemacht werden kann. In vielen Fällen wird sich der eigentliche Wildplakatierer jedoch von dem werbenden Unternehmen unterscheiden. In diesen Fällen bleibt die Identität des eigentlichen Wildplakatierers meist im Verborgenen und kann allenfalls durch Geltendmachung eines Auskunftsanspruchs gegen das werbende Unternehmen ermittelt werden.

Dem Kampf gegen Wildplakatierungen haben sich nicht nur die werbenden Unternehmen, deren Plakatwerbung durch die Wildplakatierungen beeinträchtigt wird, verschrieben, sondern auch Werbeflächenagenturen, die durch Wildplakatierungen in der An- oder Weitervermietung von Anschlagsflächen behindert werden können. Darüber hinaus hat sich jedoch, gerade auch wegen der Häufigkeit von Wildplakatierungen, eine ganze Branche von Unternehmen entwickelt, die es sich zur Aufgabe macht, im Auftrag Dritter Wildplakatierer zu ermitteln und Wildplakatierungen zu beseitigen bzw. rechtlich zu verfolgen.

D. Sammlung von Informationen zu Wildplakatierungen

Grundlage dieser Abhandlung war eine eigenständig durchgeführte Studie. Diese erfolgte in Form einer Vielzahl von Gesprächen mit Unternehmen und Verbänden, die auf dem Gebiet der Plakatwerbung tätig sind (z. B. Werbeflächenagenturen, im Bereich der Werbung tätige Verbände). Darüber hinaus war Gegenstand der Studie eine umfangreiche Internetrecherche.

1. Teil: Wildplakatierungen im Kontext des Bürgerlichen Gesetzbuchs

Im Rahmen der folgenden Ausführungen wird zunächst die Haftung des Wild-plakatierers auf Grundlage des Bürgerlichen Gesetzbuchs untersucht, bevor an-schließend auf die Besonderheiten der wettbewerbsrechtlichen Haftung nach dem Gesetz gegen den unlauteren Wettbewerb eingegangen wird.

Werden Wildplakatierungen im Rahmen eines bestehenden Vertragsverhält-nisses begangen, ist zunächst an eine vertragliche Haftung des Wildplakatierers auf Unterlassung oder Beseitigung der Wildplakatierungen oder auf Schadenser-satz zu denken.

Unabhängig von dem Bestehen einer Vertragsbeziehung kommt darüber hi-naus auch eine sich aus Gesetz ergebende Haftung des Wildplakatierers in Be-tracht. Maßgeblich für die infrage kommenden gesetzlichen Haftungsgrundlagen ist dabei die Prüfung, welche Rechtsgüter durch die Wildplakatierungen verletzt werden.

Im Anschluss an diese Feststellungen wird untersucht, wer als Haftungssub-jekt für die Wildplakatierungen in Anspruch genommen werden kann. Neben der Klärung der Frage, auf welcher Grundlage die ggf. unbekannte Identität des Wildplakatierers ermittelt werden kann, werden sich die Ausführungen auch der Frage nach dem Haftungssubjekt in den Fällen widmen, in denen hinter dem tat-sächlich Plakatierenden eine weitere Person steht, der möglicherweise (auch) ei-ne Verantwortung für begangene Wildplakatierungen zuzusprechen ist.

§ 1 Die Haftung des Wildplakatierers aus Vertrag

Stellen Wildplakatierungen einen Verstoß gegen bestehende Vertragspflichten des Wildplakatierers dar, kann dadurch eine vertragliche Haftung desselben be-gründet werden. Wildplakatierungen können entweder gegen Vertragspflichten verstoßen, die ihre Grundlage in einem Mietvertrag zwischen dem Wildplaka-tierer und dem Geschädigten haben, oder von Vorgaben eines Vertrags abwei-chen, der die Vornahme von Plakatierungen zum Gegenstand hat (z. B. Dienstvertrag i. S. v. § 611 BGB mit geschäftsbesorgungsrechtlichen Elementen nach § 675 BGB[8] oder Werkvertrag i. S. v. § 631 BGB[9]).

Abhängig von der Art des im Einzelfall bestehenden Vertragsverhältnisses können Wildplakatierungen zu einer vertraglichen Haftung auf Unterlassung oder Beseitigung der Wildplakatierungen nach § 541 BGB und / oder auf Ersatz des durch die Wildplakatierungen verursachten Schadens nach § 280 Abs. 1 BGB führen.

A. Vertraglicher Unterlassungsanspruch

Ein Anspruch auf Unterlassung nach § 541 BGB gegen den Wildplakatierer kommt nur dann in Betracht, wenn der Wildplakatierer die plakatierte Fläche angemietet hat und die Plakatierungen einen vertragswidrigen Gebrauch der angemieteten Fläche darstellen. Gegenstand des erforderlichen Mietvertrags können dabei entweder Geschäftsräume nach § 535 BGB, Wohnräume nach §§ 549, 535 BGB oder die Anschlagsfläche selbst, z. B. eine Außenwand eines Gebäudes,[10] nach § 535 BGB sein.

I. Vertragswidriger Gebrauch im Rahmen einer Wohn- oder Geschäftsraummiete

Die Frage nach einem vertragswidrigen Gebrauch stellt sich zunächst in den Fällen, in denen die Plakatierungen im Rahmen eines Wohn- oder Geschäftsraummietvertrags erfolgen.

1. Vereinbarung zu Umfang des Gebrauchsrechtes im Mietvertrag

Die Vertragswidrigkeit des Gebrauchs eines Mietobjekts beurteilt sich grundsätzlich nach den Vereinbarungen des Mietvertrags.[11] Dabei sind drei Varianten

---

8   Vgl. BGH, Urt. v. 25.5.1972, WM 1972, 947 f.; OLG München, Urt. v. 24.5.1995, NJW-RR 1996, 626; Palandt/*Sprau*, Einf v § 631 Rn. 31.

9   Vgl. BGH, Urt. v. 19.6.1984, NJW 1984, 2406 f.; BGH, Urt. v. 26.3.2008, NJW-RR 2008, 1155; Staudinger Kommentar/*Peters/Jacoby*, Vorbem zu §§ 631 ff., Rn. 41; Soergel/*Teichmann*, Vor § 631 Rn. 102.

10   Palandt/*Weidenkaff*, Einf v § 535 Rn. 97.

11   BayObLG, Beschl. v. 4.11.1983, NJW 1984, 496, 497; LG Essen, Urt. v. 22.2.1973, NJW 1973, 2290, 2291; *Kürzel*, ZMR 1974, 321, 322; Schmidt-Futterer/*Blank*, § 541 Rn. 3; Bub/Treier/ *Kraemer*, Handbuch der Geschäfts- und Wohnraummiete, III.A Rn. 980; Erman/*Lützenkirchen*, § 541 Rn. 5.

denkbar. Vermieter und Mieter können vertraglich vereinbaren, dass Plakatierungen des Mieters am Mietobjekt erlaubt sind. Dadurch wird eine Qualifizierung von Plakatierungen als vertragswidriger Gebrauch ausgeschlossen. Hat der Vermieter ein besonderes Interesse entweder ihn selbst oder andere Mieter betreffend können Plakatierungen des Mieters vertraglich untersagt werden.[12] Ein besonderes Interesse an der Untersagung von Plakatierungen kann z. B. im Hinblick auf Plakate mit politischem Inhalt gegeben sein, wenn Vermieter oder andere Mieter in dem gleichen Haus eine Anwaltskanzlei betreiben.[13] Dennoch vorgenommene Plakatierungen stellen dann einen vertragswidrigen Gebrauch i. S. v. § 541 BGB dar. Dritte Variante ist die Vereinbarung eines im Mietvertrag zwischen Mieter und Vermieter vereinbarten Erlaubnisvorbehaltes des Vermieters.[14] Eine Verweigerung der Erlaubnis des Vermieters darf in diesem Fall nicht willkürlich erfolgen, sondern setzt ein sachliches Interesse des Vermieters (z. B. Beschädigung[15] oder Verunstaltung[16] seines Hauses, Störung des Hausfriedens,[17] Störung der im Gebäude ausgeübten Geschäftstätigkeit des Vermieters[18]) voraus.[19]

2. Fehlende Vereinbarung zu Umfang des Gebrauchsrechtes im Mietvertrag

Enthält der Mietvertrag keine ausdrückliche Regelung zum Umfang des Gebrauchsrechts, bedarf es gemäß §§ 133, 157, 242 BGB einer Auslegung des Mietvertrags nach Treu und Glauben unter Berücksichtigung der Verkehrssitte.[20]

---

12 Zur Anbringung von Aufklebern und Schildern auf der Innenseite von Fenstern des gemieteten Wohnraums: Soergel/*Heintzmann*, § 535 Rn. 61.

13 Soergel/*Heintzmann*, § 535 Rn. 61.

14 LG Hamburg, Urt. v. 26.3.1985, NJW 1986, 320; *Sternel*, Mietrecht, Rn. VI 158a; Schmidt-Futterer/*Eisenschmid*, § 535 Rn. 368, 369; Staudinger Kommentar/*Emmerich*, § 535 Rn. 12.

15 AG Freiburg, Urt. v. 17.3.1987, WuM 1987, 144; *Bucher*, NJW 1973, 2291 f.

16 AG Freiburg, Urt. v. 17.3.1987, WuM 1987, 14; Schmidt-Futterer/*Eisenschmid*, § 535 Rn. 370.

17 BVerfG, Urt. v. 15.1.1958, BVerfGE 7, 230, 235 ff.; *Sternel*, Mietrecht, Rn. VI 158; Münchener Kommentar/*Bieber*, BGB, § 541 Rn. 10.

18 LG Tübingen, Urt. v. 27.9.1985, ZMR 1985, 415, 416; *Kürzel*, ZMR 1974, 321, 323; Bub/Treier/*Kraemer*, Handbuch der Geschäfts- und Wohnraummiete, III.A Rn. 990a; zur Ausübung einer Geschäftstätigkeit im benachbarten Haus: LG Essen, Urt. v. 22.2.1973, NJW 1973, 2290, 2291.

19 Vgl. LG Hamburg, Urt. v. 26.3.1985, NJW 1986, 320; Schmidt-Futterer/*Eisenschmid*, § 535 Rn. 368, 369; Staudinger Kommentar/*Emmerich*, § 535 Rn. 12.

20 Zur Auslegung des Mietvertrags im Hinblick auf den vertragsgemäßen Gebrauch: BGH, Urt. v. 19.3.1957, LM 535 Nr. 10; OLG Köln, Urt. v. 9.3.1955, ZMR 1956, 191, 192; *Weimar*, DB 1972, 1957; Schmidt-Futterer/*Blank*, § 541 Rn. 3; Staudinger Kommentar/*Emmerich*, § 535 Rn. 35; Bub/Treier/*Kraemer*, Handbuch der Geschäfts- und Wohnraummiete, III.A Rn. 980; Bamberger/Roth/*Ehlert*, § 541 Rn. 3.

Die Konkretisierung des unbestimmten Rechtsbegriffs von „Treu und Glauben" hat im Wege einer Interessenabwägung zu erfolgen.[21] Im Rahmen dieser Interessenabwägung sind auch die durch die Grundrechte verkörperten Werte zu berücksichtigen.[22] Zwar binden die Grundrechte nach Art. 1 Abs. 3 GG unmittelbar nur die Gesetzgebung, die vollziehende Gewalt und die Rechtsprechung. Da Grundrechte aber eine objektive Wertordnung verkörpern, die als verfassungsrechtliche Grundentscheidung für alle Rechtsbereiche Geltung beansprucht, beeinflussen sie auch das bürgerliche Recht und somit auch das Verhältnis sich gegenüberstehender Privatrechtssubjekte.[23] Die Grundrechte strahlen dabei auf das Privatrecht vor allem im Wege der Auslegung von Generalklauseln aus.[24] Zu diesen Generalklauseln gehört auch § 242 BGB,[25] anhand dessen vorliegend der Umfang des Gebrauchsrechts des plakatierenden Mieters ausgelegt wird.

Für die Auslegung des Mietvertrags betreffend die Zulässigkeit von Plakatierungen wird aufgrund unterschiedlicher Reichweiten des Gebrauchsrechts im Folgenden zwischen Plakatierungen, die der Mieter im Rahmen eines Wohnraummietvertrags, und Plakatierungen, die der Mieter im Rahmen eines Geschäftsraummietvertrags begeht, unterschieden.

a) Plakatierungen im Rahmen eines Wohnraummietvertrags

Sagt der Mietvertrag über Wohnraum (Wohnung oder Wohnhaus) nichts darüber aus, inwieweit das Anbringen von Plakaten oder Aufklebern durch den Mieter an der Innenseite von Fenstern oder an der Außenfassade des von ihm gemieteten Wohnraums eine vertragsgemäße Nutzung darstellt, ist unter Hinzuziehung des § 242 BGB zunächst zu prüfen, ob sich eine Verkehrssitte für derartige Plakatierungen herausgebildet hat. Eine solche Prüfung ist nur anhand der konkreten Umstände möglich, wobei insbesondere die Lage der durch die Wildplakatierung

---

21 Staudinger Kommentar/*Looschelders/Olzen*, § 242 Rn. 144; Münchener Kommentar/*Roth/Schubert*, BGB, § 242 Rn. 49.

22 Münchener Kommentar/*Roth/Schubert*, BGB, § 242 Rn. 56; Staudinger Kommentar/*Looschelders/Olzen*, § 242 Rn. 146; Palandt/*Grüneberg*, § 242 Rn. 8.

23 BVerfG, Urt. v. 15.1.1958, BVerfGE 7, 198, 205; BVerfG, Beschl. v. 23.4.1986, BVerfGE 73, 261, 269; Soergel/*Teichmann*, § 242 Rn. 45; Palandt/*Grüneberg*, § 242 Rn. 8; Jarass/Pieroth/*Jarass*, Vorb. vor Art. 1 Rn. 13; v. Mangoldt/Klein/Starck/*Starck*, Art. 1 Rn. 306; Maunz/Dürig/*Herdegen*, Art. 1 Rn. 57 u. Rn. 65.

24 BVerfG, Urt. v. 15.1.1958, BVerfGE 7, 198, 206; BVerfG, Beschl. v. 23.4.1986, BVerfGE 73, 261, 269; BVerfG, Urt. v. 6.2.2001, BVerfGE 103, 89, 100; Soergel/*Teichmann*, § 242 Rn. 45; Palandt/*Grüneberg*, § 242 Rn. 8; Prütting/Wegen/Weinreich/*Schmidt-Kessel*, § 242 Rn. 13; *Ipsen*, Staatsrecht II, Rn. 70; v. Münch/Kunig/v. *Münch/Kunig*, Vorb. Art. 1-19 Rn. 17.

25 *Medicus/Lorenz*, Schuldrecht I, Rn. 141; Palandt/*Grüneberg*, § 242 Rn. 8; *Hamann*, ZMR 1974, 323, 324; Soergel/*Teichmann*, § 242 Rn. 45; Maunz/Dürig/*Herdegen*, Art. 1 Rn. 65.

betroffenen Fläche sowie die Ortsüblichkeit zu berücksichtigen sind.[26] Befindet sich die plakatierte Fläche z. B. in einem bereits stark plakatierten oder mit Graffitis versehenen Gebiet, ist eine Verkehrssitte, die für Plakatierungen als vertragsgemäße Nutzung spricht, im Einzelfall eher zu bejahen, als in einem konservativen Wohngebiet, in dem sich keinerlei Plakate oder Graffitis finden.

Eine gegebenenfalls bestehende Verkehrssitte kann zwar ein Indiz für die Zulässigkeit von Plakatierungen darstellen, die endgültige Beurteilung der Zulässigkeit erfolgt jedoch im Wege einer Güterabwägung aufgrund der Umstände des Einzelfalls.[27] Im Rahmen dieser Güterabwägung sind auch die Grundrechte zu berücksichtigen, die, wie bereits aufgezeigt, über die Generalklausel des § 242 BGB auf das Privatrecht ausstrahlen.[28]

Auf Seiten des Vermieters ist dessen Interesse daran schützenswert, dass das von ihm vermietete Objekt weder beschädigt noch verunstaltet wird.[29] Dieses Interesse kann in den regelmäßig vorliegenden Fällen, in denen der Vermieter des Mietobjekts auch zugleich dessen Eigentümer ist, vor allem auf das Grundrecht des Eigentümers auf Schutz seines Eigentums nach Art. 14 Abs. 1 GG zurückgeführt werden. Darüber hinaus ist dem Vermieter daran gelegen, eine Störung des Hausfriedens innerhalb des vermieteten Objekts zu vermeiden. Eine solche Störung kann z. B. darauf zurückzuführen sein, dass das Plakat einen ausländerfeindlichen Inhalt aufweist, durch den sich andere Mieter, die vielleicht zudem noch ausländischer Herkunft sind, angegriffen fühlen. Das Interesse des Vermieters zur Vermeidung einer Störung des Hausfriedens ergibt sich schon daraus, dass der Vermieter als solcher verpflichtet ist, seine Mieter vor Störungen auch anderer Mieter zu schützen.[30] Ein Interesse des Vermieters an der Vermeidung einer Hausfriedensstörung ist selbstverständlich nur dann anzuerken-

---

26 Zur Maßgeblichkeit der Lage des Mietobjekts: Staudinger Kommentar/*Emmerich*, § 535 Rn. 35; Erman/*Lützenkirchen*, § 535 Rn. 68; zur Maßgeblichkeit der Ortsüblichkeit: Bub/Treier/*Kraemer*, III.A Rn. 980; Münchener Kommentar/*Bieber*, BGB, § 541 Rn. 4.

27 Zum Erfordernis einer Güterabwägung bei Wohnraummietverhältnissen: BayObLG, Beschl. v. 25.2.1983, ZMR 1983, 352, 353; BayObLG, Beschl. v. 4.11.1983, ZMR 1984, 85, 86; LG Hamburg, Urt. v. 26.3.1985, NJW 1986, 320; LG Aachen, Urt. v. 25.11.1987, WuM 1988, 53, 54; AG Stuttgart-Bad Cannstatt, Urt. v. 16.8.1990, NJW-RR 1991, 780, 781.

28 *Medicus/Lorenz*, Schuldrecht I, Rn. 141; Palandt/*Grüneberg*, § 242 Rn. 8; *Hamann*, ZMR 1974, 323, 324; Soergel/*Teichmann*, § 242 Rn. 45; Prütting/Wegen/Weinreich/*Schmidt-Kessel*, § 242 Rn. 13; Maunz/Dürig/*Herdegen*, Art. 1 Rn. 65.

29 Zur Beschädigung: AG Freiburg, Urt. v. 17.3.1987, WuM 1987, 144; *Bucher*, NJW 1973, 2291 f.; zur Verunstaltung: AG Freiburg, Urt. v. 17.3.1987, WuM 1987, 14; Schmidt-Futterer/*Eisenschmid*, § 535 Rn. 370.

30 LG Berlin, Urt. v. 11.1.1999, WuM 1999, 329; Emmerich/Sonnenschein/*Emmerich*, § 535 Rn. 13; Palandt/*Weidenkaff*, § 535 Rn. 14; Soergel/*Heintzmann*, § 535 Rn. 36; Bamberger/Roth/*Ehlert*, § 535 Rn. 165; vgl. auch *Sternel*, Mietrecht, Rn. VI 158.

nen, wenn der plakatierende Mieter eine Wohnung in einem mehrere Parteien beherbergenden Gebäude und nicht ein komplettes Wohnhaus angemietet hat.

Diese aufgezeigten schützenswerten Interessen des Vermieters könnten in den Fällen der Wildplakatierungen eingeschränkt sein, wenn sich der Mieter auf seine Grundrechte der Meinungsfreiheit nach Art. 5 Abs. 1 S. 1 1. HS GG oder der Kunstfreiheit nach Art. 5 Abs. 3 S. 1 GG berufen kann. Dem Schutz der Meinungsfreiheit nach Art. 5 Abs. 1 S. 1 1. HS GG unterliegen grundsätzlich Plakate oder Aufkleber, die als Meinungsäußerungen i. S. d. Art. 5 Abs. 1 S. 1 1. HS GG qualifiziert werden können, indem sie durch Elemente der Stellungnahme, des Dafürhaltens oder Meinens geprägt sind.[31] Danach können insbesondere Plakate oder Aufkleber politischen[32] oder wohnungspolitischen[33] Inhalts als Meinungsäußerungen i. S. d. Art. 5 Abs. 1 S. 1 1. HS GG eingeordnet werden.

Auch sofern demnach wild angebrachte Plakate und Aufkleber als Meinungsäußerung i. S. d. Art. 5 Abs. 1 S. 1 1. HS GG qualifiziert werden können, darf eine Berufung auf das Grundrecht der Meinungsfreiheit dennoch nicht zu einer strikten Einschränkung entgegenstehender Rechte führen. Das Grundrecht der Meinungsfreiheit vermittelt nicht das Recht, seine Meinung in jeder Form und mit jedem Mittel zu äußern.[34] Dies gilt auch für die künstlerische Betätigung im Rahmen des Grundrechts der Kunstfreiheit nach Art. 5 Abs. 3 S. 1 GG. Aufgrund der Vielzahl von Definitionen des „Kunst"-Begriffes (u. a. materieller Kunstbegriff[35], formaler Kunstbegriff[36], kommunikationstheoretischer Kunstbegriff[37]) sowie der Unmöglichkeit, Kunst generell definieren,[38] hat die Beurteilung, ob ein Plakat oder Aufkleber als Kunst einzustufen ist und damit in den

---

31 Vgl. BVerfG, Beschl. v. 22.6.1982, BVerfGE 61, 1, 9; BVerfG, Beschl. v. 1.8.2001, GRUR 2001, 1058, 1059.

32 BVerfG, Urt. v. 15.1.1958, BVerfGE 7, 230, 234; LG Darmstadt, Urt. v. 1.10.1982, NJW 1983, 1201; LG Hamburg, Urt. v. 26.3.1985, NJW 1986, 320; LG Tübingen, Urt. v. 27.9.1985, NJW 1986, 321.

33 AG Hamburg, Urt. v. 3.1.1979, ZMR 1979, 206; AG Stuttgart-Bad Cannstatt, Urt. v. 16.8.1990, NJW-RR 1991, 780, 781.

34 BVerfG, Urt. v. 15.1.1958, BVerfGE 7, 230, 234; LG Essen, Urt. v. 22.2.1973, NJW 1973, 2290, 2291; *Sternel*, Mietrecht, Rn. VI 158.

35 BVerfG, Beschl. v. 24.2.1971, BVerfGE 30, 173, 188 f.; BVerfG, Beschl. v. 17.7.1984, BVerfGE 67, 213, 226; BVerfG, Beschl. v. 13.6.2007, BVerfGE 119, 1, 20 f.; Jarass/Pieroth/*Jarass*, Art. 5 Rn. 106; v. Mangoldt/Klein/Starck/*Starck*, Art. 5 Rn. 302.

36 BVerfG, Beschl. v. 17.7.1984, BVerfGE 67, 213, 226 f.; Jarass/Pieroth/*Jarass*, Art. 5 Rn. 106; v. Mangoldt/Klein/Starck/*Starck*, Art. 5 Rn. 302.

37 BVerfG, Beschl. v. 17.7.1984, BVerfGE 67, 213, 227; Jarass/Pieroth/*Jarass*, Art. 5 Rn. 106; v. Mangoldt/Klein/Starck/*Starck*, Art. 5 Rn. 302.

38 BVerfG, Beschl. v. 17.7.1984, BVerfGE 67, 213, 224 f., BVerfG, Beschl. v. 13.6.2007, BVerfGE 119, 1, 20; v. Münch/Kunig/*Wendt*, Art. 5 Rn. 89; *Liebholz/Rinck* § 5 Rn. 1028; vgl. auch BVerwG, Urt. v. 16.12.1971, BVerwGE 39, 197, 207.

Schutzbereich des Art. 5 Abs. 3 S. 1 GG fällt, im Rahmen einer Einzelfallprüfung anhand des konkreten Inhalts des Plakats oder Aufklebers zu erfolgen. Sofern das Plakat oder der Aufkleber Werbung für ein Kunstwerk enthält, ist dabei auch dieses von dem Schutzbereich der Kunstfreiheit erfasst.[39] Kann das betroffene Plakat oder der betroffene Aufkleber aufgrund seines Inhalts als Kunst eingeordnet werden, sind allerdings auch der Kunstfreiheit Grenzen durch entgegenstehende Rechte der Verfassung gesetzt.[40]

Somit muss der im Einzelfall geltende Vorrang der betroffenen Interessen im Rahmen der bereits angesprochenen Güterabwägung nach §§ 133, 157, 242 BGB festgestellt werden. In diesem Zusammenhang bedarf es aufgrund unterschiedlicher Reichweiten des Gebrauchsrechts einer Differenzierung danach, ob das Plakat bzw. der Aufkleber an der Innen- oder an der Außenseite des angemieteten Wohnraums angebracht wird.

aa) Plakatierungen auf der Innenseite von Wohnraumfenstern

Die Frage nach dem Vorrang einer Meinungsäußerung oder künstlerischen Betätigung gegenüber Interessen des Vermieters im Rahmen der Güterabwägung stellt sich zunächst bei Plakatierungen auf der Innenseite von Wohnraumfenstern. Entscheidend sind für die Beantwortung dieser Frage insbesondere der konkrete Inhalt sowie das Ausmaß des angebrachten Plakats bzw. Aufklebers.

Plakate oder Aufkleber mit verunstaltenden, beleidigenden, rechtsradikalen, pornographischen oder sonstigen illegalen Inhalten sind bei einem Mietshaus mit mehreren Parteien einerseits geeignet, den Hausfrieden zu stören, da sich die anderen Bewohner des Hauses durch derartige Plakatierungen angegriffen oder belästigt fühlen können; andererseits können sie – unabhängig davon, ob es sich um ein Mietshaus mit mehreren Parteien oder um ein ausschließlich von einem Mieter angemietetes Wohnhaus handelt – durch ihre Ausgestaltung oder ihr (überdimensionales) Ausmaß auch das Eigentum des Vermieters ästhetisch beeinträchtigen.[41] Da eine Güterabwägung nach §§ 133, 157, 242 BGB in diesen Fällen regelmäßig zugunsten der Interessen des Vermieters ausfällt, stellen derartige Plakatierungen einen vertragswidrigen Gebrauch i. S. d. § 541 BGB dar.

Weisen die auf der Innenseite eines Wohnraumfensters angebrachten Plakate oder Aufkleber hingegen eine legale Meinungsäußerung oder Kunst sowie ein im Hinblick auf die Größe verhältnismäßiges Ausmaß auf, hat eine in diesen Fällen

---

39 Vgl. BVerfG, Beschl. v. 3.11.1987, BVerfGE 77, 240, 251; *Liebholz/Rinck* Art. 5 Rn. 1049.
40 BVerfG, Beschl. v. 24.2.1971, BVerfGE 30, 173, 193; BVerfG, Beschl. v. 17.7.1984, BVerfGE 67, 213, 228; *Pieroth/Schlink*, Staatsrecht II, Rn. 681; Jarass/Pieroth/*Jarass*, Art. 5 Rn. 113.
41 Zur Unzulässigkeit von verunstaltenden oder Beleidigungen enthaltenden Plakaten: Schmidt-Futterer/*Eisenschmid*, § 535 Rn. 370.

vorgenommene Güterabwägung nach §§ 133, 157, 242 BGB grundsätzlich den Vorrang des Rechts auf Meinungsäußerung oder der Kunstfreiheit des Plakatierers gegenüber Interessen des Vermieters zur Folge.[42] Diese Plakatierungen sind regelmäßig weder in der Lage, den Hausfrieden eines Mehrparteienhauses zu stören, noch wird das Eigentum des Vermieters durch diese Plakatierungen, die regelmäßig mittels Verwendung von Klebstreifen auf der Fensterscheibe oder dem Fensterrahmen erfolgen, substanziell oder ästhetisch beeinträchtigt. Ein vertragswidriger Gebrauch i. S. d. § 541 BGB ist bei diesen Plakatierungen auf der Innenseite von Wohnraumfenstern nicht gegeben.

bb) Plakatierungen an der Außenfassade des angemieteten Wohnraums

Die Frage nach dem Umfang des Gebrauchsrechts stellt sich weiterhin mit Blick auf Plakatierungen an der Außenfassade eines angemieteten Wohnraums.

(1) Plakatierung im Rahmen eines Mietvertrags über eine Wohnung

Bezieht sich der Mietvertrag auf eine Wohnung, umfasst das dadurch eingeräumte Gebrauchsrecht, soweit vertraglich nicht abweichend vereinbart, grundsätzlich nicht die Nutzung der Außenfassade.[43] Eine dennoch vorgenommene Plakatierung auf der Außenfassade der Wohnung stellt somit in der Regel einen vertragswidrigen Gebrauch dar. Nur ausnahmsweise kann eine Abwägung der Interessen des Mieters und des Vermieters im Einzelfall einen Vorrang der Mieterinteressen gegenüber den Vermieterinteressen ergeben.

(2) Plakatierung im Rahmen eines Mietvertrags über ein Wohnhaus

Hat der Mietvertrag ein komplettes Wohnhaus zum Gegenstand, ist regelmäßig auch die Außenfassade des angemieteten Hauses mitvermietet.[44] Inwieweit dies auch eine Zulässigkeit von Plakatierungen auf der Außenfassade zur Folge hat, ist erneut mittels einer Güterabwägung festzustellen. Ein Interesse des Vermie-

---

42 Zur Zulässigkeit von Plakatierungen auf der Innenseite von Fenstern des Mietobjekts: *Sternel*, Mietrecht, Rn. VI 158; zur Zulässigkeit des Anbringens von Aufklebern auf der Innenseite von Fenstern des Mietobjekts: Soergel/*Heintzmann*, § 535 Rn. 61.
43 Zur Nutzung der Außenfassade bei Wohnraum allgemein: OLG Saarbrücken, Urt. v. 31.3.2005, MDR 2005, 1283, 1284; AG Wiesbaden, Urt. v. 15.4.2003, ZMR 2003, 935; *Stegmaier*, ZMR 1968, 67; *Kürzel*, ZMR 1974, 321, 322; Schmidt-Futterer/*Eisenschmid*, § 535 Rn. 370; *Sternel*, Mietrecht, Rn. VI 158.
44 Zur Mitvermietung der Außenfassade bei einem Mietvertrag über ein Haus: Soergel/*Heintzmann*, § 535 Rn. 40.

ters an der Vermeidung einer von seinem Haus ausgehenden Störung durch die Plakatierung käme – mangels anderer Mietparteien – allenfalls gegenüber Nachbarn in Betracht, die an dem auf der Außenfassade angebrachten Plakat Anstoß nehmen. Diesen gegenüber ist der Vermieter jedoch nicht zu einem Einschreiten gegen die Plakatierung verpflichtet.

Ein in der Güterabwägung vorrangiges Interesse des Vermieters kann nur in einer möglichen Beschädigung oder Verunstaltung des Eigentums des Vermieters durch die Plakatierung gesehen werden, z. B. wenn die Plakate mittels Befestigungsstiften bzw. nicht wasserlöslichem Klebstoff angebracht werden oder wenn das Plakat aufgrund seiner Größe oder seines Inhalts verunstaltende Wirkung für das Wohnhaus hat. Die Vorrangigkeit des Vermieterinteresses führt in diesen Fällen auch zu keiner unangemessenen Beeinträchtigung der Interessen des Plakatierers, da dieser nicht daran gehindert wird, seine Meinung – ebenso wie seine künstlerische Betätigung – auf eine andere, die Interessen des Vermieters nicht beeinträchtigende Art und Weise (z. B. auf angemieteten Anschlagsflächen oder mittels Flugblättern oder Anzeigen) zu äußern.[45] Stellt die Plakatierung hingegen keine Gefahr für die Unversehrtheit des Eigentums des Vermieters dar, weil das Plakat z. B. nur mittels leicht entfernbaren Klebstreifen an der Außenfassade angebracht wurde, sind seitens des Vermieters keine Gründe für deren Unzulässigkeit ersichtlich. Dies gilt selbst für Plakate mit illegalem Inhalt, da der Vermieter nicht verpflichtet ist, dafür zu sorgen, dass sich sein Mieter legal verhält. Dies ist vielmehr eine Aufgabe der Strafverfolgungsbehörden.

b) Plakatierungen im Rahmen eines Geschäftsraummietvertrags

Der Mieter von Geschäftsräumen hat nach den Grundsätzen von Treu und Glauben unter Berücksichtigung der Verkehrssitte das Recht, die Außenwände der angemieteten Räume zu Reklamezwecken zu nutzen.[46] Gerade die Werbung an den eigenen Geschäftsräumen stellt für viele Geschäftsleute ein unverzichtbares Erfordernis für eine erfolgreiche und wettbewerbsfähige Geschäftstätigkeit dar.[47]

---

45 Zur Möglichkeit einer anderen Form der Meinungsäußerung: BVerfG, Urt. v. 15.1.1958, BVerfGE 7, 230, 237; OLG Karlsruhe, Urt. v. 19.1.1977, Justiz 1977, 422, 423; LG Essen, Urt. v. 22.2.1973, NJW 1973, 2290, 2291; *Sternel*, Mietrecht, Rn. VI 158.

46 Zur Zulässigkeit von Reklame an der Außenwand: RG, Urt. v. 26.10.1912, RGZ 80, 281, 284; BGH, Urt. v. 19.3.1957, LM § 535 Nr. 10; OLG Köln, Urt. v. 9.3.1955, ZMR 1956, 191, 192; Bub/Treier/*Kraemer*, Handbuch der Geschäfts- und Wohnraummiete, III.A Rn. 989; zur Zulässigkeit von Lichtreklame an der Außenwand: LG Düsseldorf, Urt. v. 28.6.1951, BB 1951, 714; *Weimar*, DB 1972, 1957; zur Zulässigkeit von Firmen- und Reklameschildern an der Außenwand: *Weimar*, DB 1972, 1957.

47 OLG Köln, Urt. v. 9.3.1955, ZMR 1956, 191, 192; *Glaser*, WRP 1957, 1.

Vorgenannte Feststellung bezieht sich nicht ausdrücklich auf das Werbemedium Plakat, sondern vor allem auf Firmen- und (Leucht-)Reklameschilder. Allerdings kann für Ladengeschäfte, die für die von ihnen betriebenen Produkte üblicherweise mit Plakaten werben, insbesondere kleinere Lebensmittelgeschäfte (sog. Tante-Emma-Läden), aufgrund der vergleichbaren Sachlage grundsätzlich nichts anderes gelten. Begründet werden kann dies mit der regelmäßig vergleichbaren Größe von Reklameschildern und Plakaten sowie mit der ähnlichen Zielrichtung beider Medien, durch ihre Außenwirkung Passanten auf das Sortiment des jeweiligen Geschäfts aufmerksam zu machen. Das Recht des Mieters zur Vornahme von Reklame auf Außenwänden kann sich zudem aus dem Recht des Mieters auf Meinungsfreiheit i. S. d. Art. 5 Abs. 1 S. 1 1. HS GG ergeben. Plakate oder Aufkleber, die kommerzieller Werbung dienen, sind dann als Meinungsäußerungen i. S. d. Art. 5 Abs. 1 S. 1 1. HS GG einzuordnen, wenn sie einen wertenden, meinungsbildenden Inhalt haben.[48] Da durch Werbung die Meinung der Konsumenten dahingehend beeinflusst werden soll, dass diese das beworbene Produkt kaufen,[49] kommt kommerzieller Werbung grundsätzlich ein meinungsbildender Charakter zu.[50]

Das Recht des Mieters, Plakate an der Außenfassade anzubringen, endet jedoch dann, wenn Plakatierungen eine Substanzbeschädigung oder Verunstaltung der Außenfassade, z. B. durch die Plakatgestaltung oder einen witterungsbedingten Verfall des Plakats, zur Folge haben. Ein sich auch auf derartige Plakatierungen beziehendes Gebrauchsrecht scheitert an dem vorrangigen, grundrechtlich geschützten Eigentumsrecht des Vermieters und der sich aus § 242 BGB ergebenden Schutzpflicht der Vertragsparteien, bei Abwicklung des Schuldverhältnisses Eigentum und sonstige Rechtsgüter der Gegenpartei nicht zu verletzen.[51]

---

48 Vgl. BVerfG, Beschl. v. 19.11.1985, BVerfGE 71, 162, 175; BVerfG, Beschl. v. 22.1.1997, BVerfGE 95, 173, 182; BVerfG, Urt. v. 12.12.2000, BVerfGE 102, 347, 359; BVerfG, Beschl. v. 22.1.1997, WRP 1997, 424, 426; BVerfG, Beschl. v. 1.8.2001, GRUR 2001, 1058, 1059; *Grigoleit/Kersten*, DVBl. 1996, 596, 600; v. Mangoldt/Klein/ Starck/*Starck*, Art. 5 Abs. 1, 2 Rn. 25.

49 v. Münch/Kunig/*Wendt*, Art. 5 Rn. 11; v. Mangoldt/Klein/Starck/*Starck*, Art. 5 Abs. 1, 2 Rn. 25.

50 *Friauf/Höfling*, AfP 1985, 249, 253; *Schmitt Glaeser*, AöR 113 (1988), 52, 72; v. Mangoldt/ Klein/Starck/*Starck*, Art. 5 Abs. 1, 2 Rn. 25.

51 Zur Schutzpflicht i. S. d. § 242 BGB: BGH, Urt. v. 10.3.1983, NJW 1983, 2813, 2814; BGH, Urt. v. 13.1.2004, NJW-RR 2004, 481, 483; Jauernig/*Mansel*, § 242 Rn. 24; Palandt/*Grüneberg*, § 242 Rn. 35; Erman/*Hohloch*, § 242 Rn. 87.

Eine weitere Einschränkung kann das Recht auf Nutzung der Außenfassade zu Reklamezwecken im Einzelfall durch die Ortsüblichkeit erfahren,[52] wenn beispielsweise in der betroffenen Region im Hinblick auf die Nutzung der Außenfassade als solche oder die Art und Weise der Nutzung eine andere Verkehrssitte als in anderen Gebieten gilt.

Ist der Mieter im konkreten Fall berechtigt, die Außenfassade zu Reklamezwecken zu nutzen, darf er an der Außenfassade seiner Geschäftsräume auch Werbung für Markenartikel eines fremden Herstellers betreiben, soweit er diese Artikel in seinem Geschäft vertreibt.[53] Dabei muss die Größe des Werbeplakats jedoch zu dem Anteil, den das Produkt innerhalb des Warensortiments des werbenden Geschäfts ausmacht, verhältnismäßig sein.[54]

II. Vertragswidriger Gebrauch im Rahmen eines Mietvertrags über eine Anschlagsfläche

Die Frage des vertragswidrigen Gebrauchs i. S. d. § 541 BGB stellt sich nicht nur im Rahmen eines Mietverhältnisses über Wohn- oder Geschäftsräume, sondern auch im Rahmen der Anmietung einer für Plakatwerbung vorgesehenen Anschlagsfläche. Eine Beschränkung des Gebrauchs der Anschlagsfläche kann sich abgesehen von Handlungen, die zu einer Beschädigung oder Verunstaltung des Mietobjekts führen, daraus ergeben, dass der Mietvertrag Regelungen in Bezug auf die Anzahl der anzubringenden Plakate, die Größe der für die Plakatierungen zur Verfügung stehenden Fläche oder die Dauer der Plakatierungen vorsieht. Eine weitere Beschränkung kann der Mietvertrag im Hinblick auf den Inhalt der Plakate enthalten. Handelt es sich bei dem Mieter der Anschlagsfläche beispielsweise um ein Unternehmen, das für eine Vielzahl unterschiedlicher Unternehmen Anschlagsflächen anmietet und darauf Plakate anbringt, so kann dieses Unternehmen – entsprechend der Grundsätze des Wettbewerbsschutzes bei Raummietverhältnissen –[55] dem Vermieter gegenüber vertraglich verpflichtet sein, Plakate, die für Produkte einer bestimmten Branche werben, aufgrund des zwischen dem Vermieter und einem weiteren Mieter bestehenden Wettbewerbs-

---

52 Vgl. BGH, Urt. v. 19.3.1957, LM § 535 Nr. 10; *Glaser*, WRP 1957, 1, 2; *Weimar*, DB 1972, 1957; Erman/*Lützenkirchen*, § 535 Rn. 20.
53 OLG Köln, Urt. v. 9.3.1955, ZMR 1956, 191, 192; *Glaser*, WRP 1957, 1, 2.
54 Vgl. OLG Köln, Urt. v. 9.3.1955, ZMR 1956, 191, 192.
55 *Theißen*, WiB 1995, 66 ff.; Schmidt-Futterer/*Eisenschmid*, § 535 Rn. 543; *Sternel*, Mietrecht, Rn. VII 252; Münchener Kommentar/*Häublein*, BGB, § 535 Rn. 139 u. Rn. 142; Palandt/*Weidenkaff*, § 535 Rn. 27; Erman/*Lützenkirchen*, § 535 Rn. 45.

schutzes auf der angemieteten Fläche nicht anzubringen.[56] Weicht der Mieter von diesen vertraglichen Vorgaben ab, stellen die dadurch begangenen Plakatierungen einen vertragswidrigen Gebrauch i. S. d. § 541 BGB dar.

Im Hinblick auf Regelungen zum Wettbewerbsschutz stellt sich jedoch die Frage, ob derartige Regelungen gegen § 20 GWB verstoßen[57] und die Regelung damit gemäß § 134 BGB nichtig sein könnte.[58] Die Beantwortung dieser Frage bedarf einer Einzelfallprüfung anhand der konkreten Umstände. Dabei ist zunächst zu klären, ob der persönliche Schutzbereich des § 20 GWB eröffnet ist, indem Vermieter und / oder Mieter, die die Regelung zum Wettbewerbsschutz vereinbart haben, auf dem die Wettbewerbsschutzregelung betreffenden Markt als marktbeherrschende Unternehmen (§ 20 Abs. 1 GWB), marktstarke Unternehmen (§ 20 Abs. 2 GWB), Unternehmen mit überlegener Marktmacht (§ 20 Abs.4 GWB) oder als eine Vereinigung von miteinander im Wettbewerb stehenden Unternehmen i. S.d. §§ 2, 3 und 28 Abs. 1 GWB (§ 20 Abs. 1 GWB) einzustufen sind. Ist der persönliche Schutzbereich des § 20 GWB eröffnet, stellt sich im Rahmen des § 20 GWB weiterhin die Frage, ob der zwischen Vermieter und Mieter vereinbarte Wettbewerbsschutz zu einer unbilligen Behinderung oder einer sachlich nicht gerechtfertigten unterschiedlichen Behandlung anderer Unternehmen in einem Geschäftsverkehr, der gleichartigen Unternehmen üblicherweise zugänglich ist, führen kann. Auch wenn die Regelung zum Wettbewerbsschutz eine Behinderung bzw. unterschiedliche Behandlung anderer Wettbewerber des Normadressaten in der Form zur Folge haben kann (eine bloße Eignung zur Behinderung genügt nicht)[59], dass Plakate von Unternehmen der von dem Wettbewerbsschutz erfassten Branche an der betroffenen Fläche trotz entsprechender konkreter Absicht nicht angebracht werden können, kann es vorliegend jedoch an der Unbilligkeit bzw. dem Fehlen eines sachlichen Grundes für diese Behinderung bzw. unterschiedliche Behandlung mangeln. Zur Feststellung der Unbilligkeit bzw. des Fehlens eines sachlichen Grundes ist eine Interessenabwägung vorzunehmen, im Rahmen der die auf die Wettbewerbsfreiheit gerichtete Zielsetzung des GWB zu berücksichtigen ist.[60] Zugunsten des den Wettbewerbsschutz vereinbarenden Vermieters kann dabei dessen Recht sprechen, mit seinem

---

56 Zur Wettbewerbsschutzklausel bei Bauträgervideoclipwerbung: BGH, Urt. v. 26.3.2008, NJW-RR 2008, 1155 f.

57 Vgl. BGH, Urt. v. 8.4.2003, NJW 2003, 2684, 2685; Lindner-Figura/Oprée/Stellmann/*Hübner*/*Griesbach*/*Fuerst*, Geschäftsraummiete, Kap. 14 Rn. 127; *Sternel*, Mietrecht, Rn. VII 255a.

58 Vgl. Bechtold/*Bechtold*, § 20 Rn. 67; Frankfurter Kommentar/*Rixen*, § 20 Rn. 290; *Kling*/*Thomas*, Kartellrecht, § 18 Rn. 169.

59 Frankfurter Kommentar/*Rixen*, § 20 Rn. 148; Bechtold/*Bechtold*, § 20 Rn. 41.

60 Bechtold/*Bechtold*, § 20 Rn. 42; Langen/Bunte/*Nothdurft*, § 20 Rn. 122; *Emmerich*, Kartellrecht, § 29 Rn. 45; *Kling*/*Thomas*, Kartellrecht § 18 Rn. 105.

Eigentum beliebig zu verfahren, sowie die ihm – auch unter dem Gesichtspunkt unternehmerischen Handelns – zustehende Entscheidungsfreiheit, an welchen Mieter er sein Eigentum zu welchen Bedingungen vermieten will. Weiterhin ist im Rahmen der Abwägung die räumliche Reichweite der Regelung zum Wettbewerbsschutz zu berücksichtigen. So kann z. B. eine Wettbewerbsschutzregelung, die sich auf mehrere Gebäude oder Anschlagsflächen bezieht, im Rahmen der Abwägung ein gewichtigeres Argument für ein Überwiegen der Interessen des durch die Wettbewerbsschutzregelung behinderten Unternehmens darstellen als eine räumliche Beschränkung der Wettbewerbsschutzregelung auf ein einziges Gebäude oder auf eine einzige Anschlagsfläche. Auch kann im Einzelfall maßgeblich sein, für welchen Zeitraum die Wettbewerbsschutzregelung andere Unternehmen von der Plakatierung auf der betroffenen Fläche ausschließt.[61] Je länger der Ausschluss dauert, desto problematischer kann diese Regelung in kartellrechtlicher Hinsicht sein.

III. Rechtsfolge

Kann ein vertragswidriger Gebrauch bejaht werden, muss der Vermieter den Mieter vor Geltendmachung eines Unterlassungsanspruchs nach § 541 BGB abmahnen, soweit kein Grund vorliegt, der eine Abmahnung entbehrlich macht.[62] Ein derartiger Grund ist z. B. gegeben, wenn der Mieter die Einstellung des vertragswidrigen Gebrauchs endgültig und ernsthaft verweigert.[63] Auch kann eine Abmahnung als Voraussetzung eines Unterlassungsanspruches nach § 541 BGB einzelvertraglich abbedungen werden.[64]

Reagiert der Mieter auf die Abmahnung nicht, sondern bringt weiterhin vertragswidrig Plakate bzw. Aufkleber an oder hält an dem bereits geschaffenen, vertragswidrigen Zustand fest, kann der Vermieter gemäß § 541 BGB gegen den Mieter auf Unterlassung des vertragswidrigen Gebrauchs klagen.[65] Zum Unter-

---

61 Vgl. BGH, Urt. v. 8.4.2003, NJW 2003, 2684, 2685.

62 Emmerich/Sonnenschein/*Emmerich*, § 541 Rn. 3 f.; *Sternel*, Mietrecht, Rn. VI 319; Palandt/*Weidenkaff*, § 541 Rn. 8; Münchener Kommentar/*Bieber*, BGB, § 541 Rn. 12 ff.; Staudinger Kommentar/*Emmerich*, § 541 Rn. 5 u. Rn. 8.

63 Emmerich/Sonnenschein/*Emmerich*, § 541 Rn. 4; Schmidt-Futterer/*Blank*, § 541 Rn. 8; Palandt/*Weidenkaff*, § 541 Rn. 8; Münchener Kommentar/*Bieber*, BGB, § 541 Rn. 14; Soergel/*Heintzmann*, § 541 Rn. 5; Staudinger Kommentar/*Emmerich*, § 541 Rn. 8; Bamberger/Roth/ *Ehlert*, § 541 Rn. 11; vgl. auch BGH, Urt. v. 18.11.1999, NJW-RR 2000, 717, 718; zum Pachtvertrag vgl. BGH, Urt. v. 19.2.1975, LM § 553 Nr. 13.

64 Schmidt-Futterer/*Blank*, § 541 Rn. 9; Münchener Kommentar/*Bieber*, BGB, § 541 Rn. 18; Soergel/*Heintzmann*, § 541 Rn. 8; Bamberger/Roth/*Ehlert*, § 541 Rn. 12.

65 Vgl. Münchener Kommentar/*Bieber*, BGB, § 541 Rn. 16; Bamberger/Roth/*Ehlert*, § 541 Rn. 14.

lassungsanspruch nach § 541 BGB gehört dabei auch ein Anspruch auf Beseitigung eines vom Mieter geschaffenen vertragswidrigen Zustandes, dessen Nichtbefolgung den Vermieter zur Selbstvornahme mit einem anschließenden Anspruch auf Aufwendungsersatz aufgrund Geschäftsführung ohne Auftrag berechtigt.[66]

B. Vertraglicher Schadensersatzanspruch

Die vertragliche Haftung des Wildplakatierers erschöpft sich nicht in dem Anspruch auf Unterlassung oder Beseitigung der Wildplakatierungen gemäß § 541 BGB. Wildplakatierungen können auch zu Schäden führen, die im Wege eines vertraglichen Schadensersatzanspruchs kompensiert werden. Der Wildplakatierer kann dabei einerseits von dem Vermieter der plakatierten Fläche im Rahmen eines Mietvertrags auf Schadensersatz in Anspruch genommen werden. Andererseits kann das mit Plakaten werbende Unternehmen, das den Wildplakatierer mittels eines Dienst- oder Werkvertrags zur Vornahme rechtmäßiger Plakatierungen verpflichtet hat, diesem gegenüber Schäden geltend machen, die auf absprachewidrige Wildplakatierungen zurückzuführen sind.

I. Schadensersatzanspruch des Vermieters der plakatierten Fläche gegen den Wildplakatierer

Ein vertraglicher Schadensersatzanspruch des Vermieters der plakatierten Fläche gegen den Wildplakatierer kommt in den Fällen in Betracht, in denen der Wildplakatierer die plakatierte Fläche oder zumindest einen Teil davon gemäß § 535 BGB angemietet hat und dem Vermieter aufgrund der vertragswidrigen Nutzung der Fläche ein Schaden entsteht. Grundlage eines entsprechenden Schadensersatzanspruchs ist § 280 Abs. 1 BGB.

Das von § 280 Abs. 1 BGB geforderte Schuldverhältnis kann vorliegend in Form eines Mietvertrags über Wohn- bzw. Geschäftsräume (§ 535 BGB, bei Wohnräumen i. V. m. § 549 BGB) oder in Form eines Mietvertrags über eine Anschlagsfläche bestehen, den der Mieter entweder mit dem Eigentümer der Fläche oder einer nutzungsberechtigten Werbeflächenagentur abschließt, um sich dadurch das Nutzungsrecht an der jeweilige Fläche zu sichern.[67]

---

66 Staudinger Kommentar/*Emmerich*, § 541 Rn. 13; Bamberger/Roth/*Ehlert*, § 541 Rn. 14; Palandt/*Weidenkaff*, § 541 Rn. 1.
67 Zur Anmietung von Werbeflächen: vgl. OLG München, Urt. v. 14.2.1972, NJW 1972, 1995, 1996; OLG Hamm, Urt. v. 14.7.1975, MDR 1976, 143, 144; *Weimar*, MDR 1960, 195.

1. Pflicht verletzende Formen von Wildplakatierungen

Die Anmietung einer Fläche bzw. eines Raums berechtigt den Mieter, die Fläche vertragsgemäß zu nutzen.[68] Überschreitet der Mieter sein vertraglich eingeräumtes Nutzungsrecht, begeht er dadurch eine Pflichtverletzung i. S. d. § 280 Abs. 1 BGB.[69] Zu den im Zusammenhang mit Wildplakatierungen möglichen Pflichtverletzungen wird auf die bereits im Rahmen des § 541 BGB aufgezeigten Fälle vertragswidrigen Gebrauchs verwiesen.

2. Einstandspflicht für Wildplakatierungen

Für Wildplakatierungen muss nach § 280 Abs. 1 BGB nur derjenige einstehen, dem diesbezüglich Verschulden vorgeworfen werden kann.

a) Einstandspflicht für eigenes Verschulden des Wildplakatierers

Aus der Formulierung des § 280 Abs. 1 S. 2 BGB („Dies gilt nicht, wenn der Schuldner die Pflichtverletzung nicht zu vertreten hat.") ergibt sich, dass ein Verschulden des Schuldners grundsätzlich indiziert ist, es sei denn, der Schuldner kann zu seiner Entlastung beweisen, dass ihn hinsichtlich der Pflichtverletzung kein Verschulden, also Vorsatz[70] oder Fahrlässigkeit[71], trifft.[72] Inwiefern dem Wildplakatierer ein derartiger Entlastungsbeweis möglich ist, hängt von den Umständen des Einzelfalles ab. Hat der Wildplakatierer z. B. einen Teil einer Anschlagsfläche angemietet und bringt er abweichend von den Regelungen des Mietvertrags Plakate außerhalb des angemieteten Teils an, so kann ihm zumindest Fahrlässigkeit vorgeworfen werden, wenn ihm – wovon regelmäßig auszugehen ist – der Mietvertrag, aus dem sich sein Gebrauchsrecht ergibt, bekannt und ihm dadurch erkennbar ist, dass er zu diesen Plakatierungen nicht befugt ist. Ein Entlastungsbeweis wird dem Wildplakatierer in diesem Fall nicht gelingen.

---

68   Umkehrschluss zu § 535 Abs. 1 S. 1 BGB.

69   Staudinger Kommentar/*Emmerich*, § 538 Rn. 6; Palandt/*Weidenkaff*, § 538 Rn. 8.

70   Vorsatz bedeutet Wissen und Wollen des rechtswidrigen Erfolgs – BGH, Urt. v. 8.2.1965, NJW 1965, 962, 963; Palandt/*Grüneberg*, § 276 Rn. 10.

71   Unter Fahrlässigkeit ist das Außerachtlassen der im Verkehr erforderlichen Sorgfalt zu verstehen – § 276 Abs. 2 BGB.

72   Staudinger Kommentar/*Otto*, § 280 Rn. F 34; Münchener Kommentar/*Ernst*, BGB, § 280 Rn. 31.

b) Einstandspflicht für fremdes Verschulden nach § 278 BGB

Hat das für seine Produkte mit Plakaten werbende Unternehmen, das Vertragspartei eines Mietvertrags ist, die Plakate nicht selbst angebracht, sondern dafür einen Mitarbeiter (Fallgruppe der Eigenplakatierung) oder ein selbstständiges Unternehmen (Fallgruppe der Auftragsplakatierung) eingeschaltet, so muss das werbende Unternehmen nach § 278 BGB für das Verschulden des eingeschalteten Plakatierers einstehen, wenn es sich bei diesem um einen Erfüllungsgehilfen handelt.[73] Erfüllungsgehilfe[74] ist beispielsweise ein Mitarbeiter, der mit Willen seines Arbeitgebers, des werbenden Unternehmens, in dessen Pflichtenkreis tätig und von diesem angewiesen wird, Plakate anzubringen,[75] oder auch das zwecks Vornahme von Plakatierungen eingeschaltete, selbstständige Unternehmen, das bei Vornahme der Plakatierungen im Pflichtenkreis seines Auftraggebers tätig wird.[76]

Eine Zurechnung nach § 278 BGB kommt dann in Betracht, wenn die begangenen Wildplakatierungen in einem sachlichen Zusammenhang zu den zugewiesenen Aufgaben stehen.[77] Ein solcher Zusammenhang wird vorliegend aufgrund der sachlichen Nähe der in Auftrag gegebenen Plakatierungen zu den begangenen Wildplakatierungen regelmäßig bejaht werden können.

Es stellt sich jedoch die Frage, ob der Arbeitgeber bzw. Auftraggeber sich auch dann das Verschulden des Erfüllungsgehilfen zurechnen lassen muss, wenn er dem Gehilfen die Weisung erteilt hat, ordnungsgemäße Plakatierungen vorzunehmen, der Gehilfe durch Begehung von Wildplakatierungen von dieser Weisung jedoch abweicht. Teilweise wird die Ansicht vertreten, dass der Wirkungskreis des Gehilfen durch die Weisung bewusst begrenzt werde und eine Zurech-

---

73 Zur Verantwortlichkeit des Schuldners bei Einschaltung eines Erfüllungsgehilfen: Staudinger Kommentar/*Löwisch*/*Caspers*, § 278 Rn. 2; Münchener Kommentar/*Grundmann*, BGB, § 278 Rn. 2; Soergel/*Wolf*, § 278 Rn. 1.

74 Erfüllungsgehilfe ist, wer mit Willen des Schuldners in dessen Pflichtenkreis tätig wird – RG, Urt. v. 17.4.1920, RGZ 98, 327, 328; BGH, Urt. v. 21.4.1954, BGHZ 13, 111; BGH, Urt. v. 27.3.1968, BGHZ 50, 32, 35; BGH, Urt. v. 8.2.1974, BGHZ 62, 119, 124; BGH, Urt. v. 9.2.1978, NJW 1978, 1157; Münchener Kommentar/*Grundmann*, BGB, § 278 Rn. 20; Palandt/*Grüneberg*, § 278 Rn. 7.

75 Zum Mitarbeiter als Erfüllungsgehilfen: Jauernig/*Stadler*, § 278 Rn. 7.

76 Zum selbstständigen Unternehmen als Erfüllungsgehilfen: Palandt/*Grüneberg*, § 278 Rn. 7; Jauernig/*Stadler*, § 278 Rn. 7; Soergel/*Wolf*, § 278 Rn. 26; Münchener Kommentar/*Grundmann*, BGB, § 278 Rn. 44.

77 Zum sachlichen Zusammenhang: BGH, Urt. v. 15.12.1959, BGHZ 31, 358, 366; BGH, Urt. v. 7.5.1965, NJW 1965, 1709, 1710; BGH, Urt. v. 13.5.1997, NJW 1997, 2236, 2237; BGH, Urt. v. 14.2.1989, NJW-RR 1989, 723, 725; Palandt/*Grüneberg*, § 278 Rn. 20; Bamberger/Roth/*Unberath*, § 278 Rn. 44; Jauernig/*Stadler*, § 278 Rn. 12.

nung gegenüber dem Schuldner, der die Weisung erteilt hat, daher nicht sachgerecht sei.[78] Dieser Ansicht kann jedoch nicht gefolgt werden, vielmehr greift § 278 BGB auch und gerade in den Fällen, in denen der Gehilfe eine Weisung des Schuldners missachtet.[79] Sinn und Zweck des § 278 BGB ist es, dass der Schuldner, der durch Heranziehung von Gehilfen seine Handlungs- und Gewinnmöglichkeiten erweitert, ohne Rücksicht auf ein eigenes Verschulden auch die dem Gläubiger dadurch entstehenden Risiken tragen muss.[80] Es wäre daher nicht sachgerecht, wenn der Schuldner durch eine interne Weisung gegenüber seinem Gehilfen das durch die Einschaltung des Gehilfen gesetzte Risiko auf den Gläubiger abwälzen könnte, solange der vorgenannte sachliche Zusammenhang gegeben ist.[81]

Bedient sich das für die Plakatierungen eingeschaltete Unternehmen bei Ausführung seiner Vertragspflicht einer Hilfsperson (z. B. eines eigenen Mitarbeiters), so wird auch diese Hilfsperson als Erfüllungsgehilfe des werbenden Unternehmens angesehen, sofern das werbende Unternehmen – wovon in der Regel auszugehen ist – mit der Einschaltung dieser Hilfsperson zumindest stillschweigend einverstanden war bzw. es das eingeschaltete Unternehmen nicht sogar ausdrücklich dazu ermächtigt hat.[82]

3. Umfang des durch die Wildplakatierungen verursachten Schadens

Der Umfang des durch die schuldhaft begangenen Wildplakatierungen verursachten und nach § 280 Abs. 1 BGB zu ersetzenden Schadens beurteilt sich nach den §§ 249 ff. BGB.[83] Als Schadenspositionen sind in den Fällen der Wildplakatierungen Substanzverletzungen oder ein entgangener Gewinn denkbar.

---

78   Jauernig/*Stadler*, § 278 Rn. 12; vgl. auch BAG, Urt. v. 11.11.1960, NJW 1961, 622.
79   BGH, Urt. v. 15.12.1959, BGHZ 31, 358, 366; BGH, Urt. v. 22.5.1967, NJW 1967, 2255, 2257; Palandt/*Grüneberg*, § 278 Rn. 20; Münchener Kommentar/*Grundmann*, BGB, § 278 Rn. 46; Prütting/Wegen/Weinreich/*Schmidt-Kessel*, § 278 Rn. 19.
80   Erman/*Westermann*, § 278 Rn. 1; vgl. auch Palandt/*Grüneberg*, § 278 Rn.. 1; Bamberger/Roth/ *Unberath*, § 278 Rn. 1.
81   Vgl. Staudinger Kommentar/*Löwisch/Caspers*, § 278 Rn. 26.
82   Zur Einschaltung einer Hilfsperson durch den Erfüllungsgehilfen: RG, Urt. v. 3.6.1921, RGZ 102, 231, 235; BGH, Urt. v. 18.10.1951, NJW 1952, 217 f.; BGH, Urt. v. 22.9.1977, VersR 1978, 38, 40; BGH, Urt. v. 18.11.1982, NJW 1983, 448; BGH, Urt. v. 3.11.1982, NJW 1983, 631, 632; Palandt/*Grüneberg*, § 278 Rn. 9; Münchener Kommentar/*Grundmann*, BGB, § 278 Rn. 43.
83   Staudinger Kommentar/*Otto*, § 280 Rn. E 49; Jauernig/*Stadler*, § 280 Rn. 22.

a) Schaden an der plakatierten Fläche

Wildplakatierungen können einen Sachschaden an der plakatierten Fläche zur Folge haben. Die Beurteilung einer Substanzverletzung hängt im Wesentlichen davon ab, auf welche Art und Weise die Plakate angebracht werden. So können Plakate, die mittels eines wasserlöslichen Klebstoffs angebracht werden, in der Regel ohne Rückstände mittels Wasser von der betroffenen Fläche entfernt werden. Werden Plakate hingegen mittels Befestigungsstiften in der Fläche befestigt oder mittels nicht wasserlöslichem Klebstoff angebracht, können bei Entfernung der Plakate Löcher bzw. Klebstoff-, Reinigungsmittel- oder Plakatrückstände auf der Fläche verbleiben, die eine Substanzverletzung darstellen. Weiterhin können sich bei Entfernung Teile des Putzes der plakatierten Fläche (z. B. einer Außenwand) lösen oder der Farbanstrich der plakatierten Fläche beschädigt werden.

Der Schaden in Form einer Substanzverletzung ist nach § 249 Abs. 1 BGB grundsätzlich im Wege der Naturalrestitution zu ersetzen, wonach der Schädiger den Zustand herzustellen hat, der ohne das schädigende Ereignis bestehen würde. Können die Rückstände des Klebstoffs beispielsweise mittels eines besonderen Reinigungsverfahrens beseitigt werden, so ist der Wildplakatierer im Wege der Naturalrestitution zur Durchführung bzw. Veranlassung dieses Reinigungsverfahrens verpflichtet. Gleiches gilt, wenn die von den Befestigungsstiften, mit denen das Plakat angebracht wurde, verursachten Löcher in der Fläche verputzt werden können. Alternativ zur Naturalrestitution nach § 249 Abs. 1 BGB kann der Geschädigte gemäß § 249 Abs. 2 S. 1 BGB bei Beschädigung seiner Fläche den Geldbetrag verlangen, der für die Herstellung des Zustands der Fläche ohne das schädigende Ereignis erforderlich ist (z. B. Kosten, die für die Entfernung der Klebstoffrückstände anfallen).

In diesem Zusammenhang stellt sich die Frage, ob der Vermieter, der nach § 249 Abs. 2 S. 1 BGB den für die Beseitigung des Schadens erforderlichen Geldbetrag erhält, auch dem Mieter gegenüber dazu verpflichtet ist, genau diesen Geldbetrag für die Wiederherstellung des schadensfreien Zustands zu verwenden. In den Fällen von Sachschäden kann der Geschädigte mit dem nach § 249 Abs. 2 S. 1 BGB erhaltenen Geldbetrag grundsätzlich beliebig verfahren und muss diesen nicht für die Wiederherstellung eines schadensfreien Zustands verwenden.[84] Zwar unterliegt der Vermieter als solcher einer Instandhaltungs-

---

84   BGH, Urt. v. 19.6.1973, NJW 1973, 1647, 1648; BGH, Urt. v. 2.7.1996, NJW 1996, 2924, 2925; BGH, Urt. v. 29.4.2003, NJW 2003, 2085; Bamberger/Roth/*Schubert*, § 249 Rn. 192;

pflicht aus § 535 Abs. 1 S. 2 BGB, deren Gegenstand insbesondere bei Mietverhältnissen über Geschäfts- oder Wohnräume in Mietshäusern gehobener Klasse oder der Ortssitte entsprechend auch die Außenfassade sein kann.[85] Für die Erfüllung dieser Instandhaltungspflicht muss der Vermieter jedoch nicht genau das Geld verwenden, das er als Schadensersatz erlangt hat, sondern kann dieser Pflicht auch mit dem Einsatz von anderem Geld nachkommen.

b) Entgangener Gewinn

Neben einer Substanzverletzung können die Wildplakatierungen gemäß § 252 BGB auch einen entgangenen Gewinn des Eigentümers der Fläche bzw. der nutzungsberechtigten Werbeflächenagentur zur Folge haben. Diese Schadensposition kommt nur in den Fällen der Wildplakatierungen in Betracht, in denen Plakate vertragswidrig auf gewerblich genutzten Anschlagsflächen angebracht werden, deren Nutzung typischerweise Einnahmen generiert.[86] Die Berechnung des zu ersetzenden, entgangenen Gewinns erfordert nach § 252 S. 2 BGB eine Feststellung darüber, welcher Gewinn während des Zeitraums, in dem die Plakate angebracht waren, mit Wahrscheinlichkeit zu erwarten war. Bezifferbar ist ein durch Wildplakatierungen entgangener Gewinn dann, wenn ein Mieter sich aufgrund der Wildplakatierungen veranlasst sieht, seinen Mietvertrag über die Anschlagsfläche zu kündigen. Die dadurch entgangenen Mieteinnahmen stellen einen bezifferbaren entgangenen Gewinn des Vermieters dar. In allen anderen Fällen, in denen eine exakte Bezifferung des entgangenen Gewinns nicht möglich ist, kommt eine Schätzung des entgangenen Gewinns nach § 287 ZPO in Betracht.

II. Schadensersatzanspruch des werbenden Unternehmens gegen das plakatierende Unternehmen

Häufig bringt das für seine Produkte oder Dienstleistungen mit Plakaten werbende Unternehmen seine Plakate nicht selbst bzw. durch einen seiner Mitarbeiter an (Eigenplakatierung), sondern schaltet dafür mittels eines Dienst- oder Werkvertrags ein selbstständiges Unternehmen, z. B. eine Werbeagentur oder ein Plaka-

---

Erman/*Ebert*, § 249 Rn. 76 u. Rn. 81; Münchener Kommentar/*Oetker*, BGB, § 249 Rn. 377; Palandt/*Grüneberg*, § 249 Rn. 6.

85 Instandhaltungspflicht des Vermieters betreffend Außenfassade: AG Hamburg, Urt. v. 22.4.2004, WuM 2006, 244, 245; AG Charlottenburg, Urt. v. 22.6.2006, NJW-RR 2007, 1024; AG-Berlin-Tempelhof-Kreuzberg, Urt. v. 10.10.2007, NJW-RR 2008, 1039; Bub/Treier/*Kraemer*; Handbuch der Geschäfts- und Wohnraummiete, III.B Rn. 1287.

86 Zum Erfordernis einer gewerblichen Nutzung: vgl. BGH, Beschl. v. 9.7.1986, BGHZ 98, 212, 219; Münchener Kommentar/*Oetker*, BGB, § 249 Rn. 66.

tierunternehmen, ein (Auftragsplakatierung). Weicht dieses eingeschaltete Unternehmen von den vertraglichen Vorgaben des werbenden Unternehmens ab, indem es bei Ausführung seiner Vertragspflicht Wildplakatierungen begeht, und muss das werbende Unternehmen, das zum Zwecke der Plakatierungen Anschlagsflächen angemietet hat, für diese Wildplakatierungen dem Vermieter der angemieteten Fläche gegenüber gemäß § 278 BGB einstehen, so stellt sich die Frage, ob das werbende Unternehmen bei dem zuwiderhandelnden, eingeschalteten Unternehmen nach § 280 Abs. 1 BGB Regress nehmen kann.

Für vertragswidrig vorgenommene Wildplakatierungen kommt eine Haftung des eingeschalteten Unternehmens nach § 280 Abs. 1 S. 2 BGB bzw. bei Hinzuziehung eines Mitarbeiters nach § 280 Abs. 1 BGB i. V. m. § 278 BGB in Betracht. Ein nach § 280 Abs. 1 S. 1 BGB i. V. m. § 249 BGB zu ersetzender Schaden ist dann gegeben, wenn das werbende Unternehmen seinem Vermieter gegenüber aufgrund der Wildplakatierungen schadensersatzpflichtig wurde, da es nach § 278 BGB für das Verhalten des von ihm eingeschalteten, wild plakatierenden Unternehmens einstehen muss.

§ 2 Die Haftung des Wildplakatierers aus Gesetz

Unabhängig davon, ob der Wildplakatierer bereits aus Vertrag haftet, kann eine Haftung desselben auch auf gesetzlichen Haftungsgrundlagen basieren. Die vorliegend in Betracht kommenden gesetzlichen Haftungsgrundlagen richten sich dabei nach den Rechtsgütern, die durch die Wildplakatierungen verletzt werden, weshalb im Folgenden zunächst die Frage der Rechtsgutsverletzung geklärt wird.

A. Durch die Wildplakatierungen verursachte Rechtsgutsverletzungen

I. Beeinträchtigung des Rechtsguts Eigentum

Wildplakatierungen könnten eine Beeinträchtigung fremden Eigentums[87] an der plakatierten Flächen oder den überklebten Plakaten zur Folge haben.

Die extremste Form der Beeinträchtigung fremden Eigentums wäre gegeben, wenn Wildplakatierungen den Übergang des Eigentums an dem überklebten Pla-

---

[87] Unter Eigentum ist das umfassende Herrschaftsrecht an einer Sache zu verstehen – Palandt/*Bassenge*, Überbl v § 903 Rn. 1; Staudinger Kommentar/*Seiler*, Vorbem zu §§ 903 ff Rn. 6; Erman/*Wilhelmi*, Vor § 903 Rn. 1.

kat auf den Wildplakatierer zur Folge hätten. Denkbar wäre in diesem Zusammenhang ein Eigentumsübergang kraft Gesetzes nach § 947 Abs. 1 BGB, dessen Eingreifen jedoch aus Gründen fehlender Absicht zur dauerhaften Verbindung[88] sowie fehlender gemeinsamer wirtschaftlicher Zweckbestimmung[89] bereits an dem Nichtvorhandensein einer einheitlichen Sache scheitert.

Wildplakatierungen können jedoch zu einer Verletzung fremden Eigentums führen. In Betracht kommen Eigentumsverletzungen in Form von Substanzverletzungen[90], Verunstaltungen des äußeren Erscheinungsbildes[91] oder in Form unbefugten Gebrauchs[92].

1. Substanzverletzung fremden Eigentums

Die Beantwortung der Frage, ob Wildplakatierungen zu einer Substanzverletzung an der beklebten Fläche oder dem überklebten Plakat führen, erfordert eine Differenzierung nach der Art, in der Plakate oder Aufkleber auf der Fläche angebracht werden.

a) Substanzverletzung an der beklebten Fläche

Hinsichtlich der durch die Wildplakatierungen verursachten Substanzverletzungen an der beklebten Fläche wird auf die Ausführungen im Rahmen der vertraglichen Haftung verwiesen werden.[93]

---

88 Zum Merkmal der Dauerhaftigkeit: Staudinger Kommentar/*Jickeli/Stieper*, § 93 Rn. 10; Soergel/*Marly*, § 93 Rn. 7; Münchener Kommentar/*Stresemann*, BGB, § 93 Rn. 6; RGRK/*Kregel*, § 93 Rn. 21.

89 Vgl. Soergel/*Marly*, § 93 Rn. 6; RGRK/*Kregel*, § 93 Rn. 13.

90 Zu Eigentumsverletzungen in Form von Substanzverletzungen im Rahmen des § 1004 BGB: *Wolf/Wellenhofer*, Sachenrecht, § 24 Rn. 4; *Prütting*, Sachenrecht, Rn. 572; Staudinger Kommentar/*Gursky*, § 1004 Rn. 20; Bamberger/Roth/*Fritzsche*, § 1004 Rn. 37; zu Eigentumsverletzungen in Form von Substanzverletzungen im Rahmen des § 823 BGB: Staudinger Kommentar/*Hager*, § 823 Rn. B. 79; Bamberger/Roth/*Spindler*, § 823 Rn. 40; Soergel/*Spickhoff*, § 823 Rn. 60; Erman/*Schiemann*, § 823 Rn. 25; Palandt/*Sprau*, § 823 Rn. 7.

91 Zu Eigentumsverletzungen in Form von Verunstaltungen im Rahmen des § 1004 BGB: *Berg*, JuS 1962, 73, 74 (allerdings betreffend den Fall der Projizierung einer Reklame auf eine Hauswand); zu Eigentumsverletzungen in Form von Verunstaltungen im Rahmen des § 823 BGB: LG Bonn, Urt. v. 15.6.1973, NJW 1973, 2292, 2293; Palandt/*Sprau*, § 823 Rn. 7.

92 Zu § 1004 BGB: BAG, Urt. v. 23.2.1979, SAE 1980, 187, 189; Soergel/*Münch*, § 1004 Rn. 44; Staudinger Kommentar/*Gursky*, § 1004 Rn. 24; zu § 823 BGB: Soergel/*Spickhoff*, § 823 Rn. 61; Bamberger/Roth/*Spindler*, § 823 Rn. 50; Münchener Kommentar/*Wagner*, BGB, 823 Rn. 117.

93 Siehe S. 34 f. dieser Abhandlung.

b) Substanzverletzung an dem überklebten Plakat

Werden Plakate nicht nur unbefugt auf Flächen angebracht, sondern werden in diesem Zusammenhang auch fremde, auf der Fläche bereits angebrachte Plakate überklebt, so wird durch diese Plakatierungen auf die Substanz der überklebten Plakate eingewirkt. Aufgrund der Fragilität eines Plakats führen Klebstoff oder zum Zwecke der Entfernung des überklebenden Plakats angewandte Reinigungsmittel häufig zu einem Verbleib von Flecken der angewandten Mittel auf den Plakaten, im schlimmsten Fall können Beseitigungshandlungen gar zu einem Abriss von Teilen des überklebten Plakats führen.

2. Verunstaltung des äußeren Erscheinungsbildes fremden Eigentums

Mit Eingriffen in die Substanz oftmals einhergehend ist die Verunstaltung des äußeren Erscheinungsbildes einer Fläche oder eines Plakats. Eine Verunstaltung des äußeren Erscheinungsbildes stellt insofern eine Eigentumsverletzung dar, als diese in das Recht des Eigentümers nach § 903 BGB eingreift, mit dem Eigentum nach Belieben zu verfahren und das äußerliche Erscheinungsbild seines Eigentums nach seinen Vorstellungen zu gestalten.[94]

Eine Verunstaltung der durch die Wildplakatierung beklebten Fläche kommt insbesondere dann in Betracht, wenn die Fläche bisher völlig unbeklebt war. Sind auf einer Fläche bereits Plakate bzw. Aufkleber angebracht, so ist unter Berücksichtigung der Umstände des Einzelfalls zu beurteilen, inwiefern das Anbringen weiterer Plakate oder Aufkleber tatsächlich als Verunstaltung des äußeren Erscheinungsbildes zu werten ist. Die Schwelle, ab der eine Verunstaltung zu bejahen ist, liegt in diesen Fällen höher als in den Fällen, in denen die Wildplakatierung auf einer unbeklebten Fläche stattfindet. Aber nicht nur durch das Bekleben der Fläche, sondern auch durch das Entfernen von auf der Fläche wild angebrachten Plakaten können Verunstaltungen auftreten, indem unansehnliche Rückstände des bei der Plakatierung verwendeten Klebstoffs oder bei der Entfernung verwendeten Reinigungsmittels auf der Fassade verbleiben.

Weiterhin können Wildplakatierungen eine Verunstaltung des äußeren Erscheinungsbildes des überklebten Plakats herbeiführen. Zu denken ist dabei insbesondere an die Fälle, in denen das überklebte Plakat entweder gar nicht mehr oder nur noch in Teilen, die nicht überklebt wurden, von außen wahrgenommen werden kann. Zudem haben auch die im Rahmen der Substanzverletzung bereits aufgezeigten Folgen von Beseitigungshandlungen eine Verunstaltung des überklebten Plakats zur Folge.

---

94 Vgl. *Berg*, JuS 1962, 73, 74.

3. Eigentumsverletzung durch unbefugten Gebrauch

Eine Eigentumsverletzung kann darüber hinaus in Form eines unbefugten Gebrauchs fremden Eigentums und damit einer Beeinträchtigung des mit der fremden Sache verbundenen bestimmungsgemäßen Gebrauchs vorliegen.[95] Zu denken ist an die Fälle, in denen der Wildplakatierer seine Plakate auf einer fremden Fläche anbringt, ohne dass ihm ein diesbezügliches Nutzungsrecht (z. B. aus Mietvertrag) zusteht, entweder weil die Fläche überhaupt nicht zu gewerblichen Zwecken angemietet werden kann oder weil von einer Anmietung der grundsätzlich anmietbaren Fläche durch den Wildplakatierer abgesehen wurde. Der unbefugte Gebrauch einer Sache beeinträchtigt fremdes Eigentum insoweit, als mit dem Eigentum nach § 903 BGB auch das Recht des Eigentümers verbunden ist, die im Eigentum stehende Sache nach seinen Vorstellungen zu nutzen und darüber zu bestimmen, welche Personen die Sache nutzen dürfen.[96]

II. Beeinträchtigung des Rechtsguts Besitz

Wildplakatierungen können zudem eine Verletzung des Besitzes[97] an der beklebten Fläche oder dem überklebten Plakat zur Folge haben. Besitzverletzungen gehen mit den bereits behandelten Eigentumsverletzungen einher, wenn Eigentum und Besitz in derselben Person zusammenfallen. Eine eigenständige Bedeutung erlangen Besitzverletzungen hingegen dann, wenn Eigentum und Besitz auseinanderfallen und verschiedenen Personen zustehen.

1. Auseinanderfallen von Eigentum und Besitz

Oftmals erfolgt die Bestimmung des Besitzers anhand der Verkehrsanschauung.[98] Gerade bei Sachen, die nicht umzäunt sind und auf die von beliebigen Dritten eingewirkt werden kann, wie z. B. einer im öffentlichen Verkehrsraum stehenden Anschlagsfläche, kann aufgrund der Verkehrsanschauung von dem

---

95 Zum unbefugten Gebrauch bzw. zur Beeinträchtigung des bestimmungsgemäßen Gebrauchs als Eigentumsverletzung i. S. d. § 823 BGB: Soergel/*Spickhoff*, § 823 Rn. 61; Bamberger/Roth/ *Spindler*, § 823 Rn. 50; Münchener Kommentar/*Wagner*, BGB, § 823 Rn. 117; zum unbefugten Gebrauch als Eigentumsverletzung i. S. d. § 1004 BGB: Soergel/*Münch*, § 1004 Rn. 44; Staudinger Kommentar/*Gursky*, § 1004 Rn. 24.
96 Zum Inhalt des Eigentums nach § 903 BGB: Bamberger/Roth/*Fritzsche*, § 903 Rn. 18 u. Rn. 20; Palandt/*Bassenge*, § 903 Rn. 5 f.; Staudinger Kommentar/*Seiler*, § 903 Rn. 10 f.
97 Unter Besitz ist die tatsächliche Herrschaft über eine Sache zu verstehen – Jauernig/*Berger*, § 854 Rn. 1; Palandt/*Bassenge*, Überbl v § 854 Rn. 1.
98 BGH, Urt. v. 24.6.1987, BGHZ 101, 186, 188; Bamberger/Roth/*Fritzsche*, § 854 Rn. 20; Staudinger Kommentar/*Bund*, § 854 Rn. 11.

Recht einer Person oder dem Anschein einer rechtlichen Befugnis auf ihren Besitz geschlossen werden.[99] Somit ist regelmäßig der Eigentümer der Fläche auch als deren Besitzer anzusehen. Wird die Anschlagsfläche hingegen vermietet, kann Besitzer derselben – abhängig von der Verkehrsauffassung im Einzelfall – auch derjenige sein, der als Mieter einen Mietvertrag über diese Fläche abgeschlossen und Plakate auf dieser Anschlagsfläche angebracht hat.[100]

Besitzer der überklebten Plakate ist ebenfalls regelmäßig der Eigentümer der Plakate, sofern er die tatsächliche Gewalt über die Plakate ausübt. Daran ändert sich auch in den Fällen nichts, in denen der Plakateigentümer einen Mitarbeiter oder ein selbstständiges, externes Unternehmen zum Zwecke der Plakatierung einschaltet und diesen die Plakate zur Ausführung ihres Auftrags übergibt. Bei Übergabe an einen Mitarbeiter scheitert ein damit verbundener Besitzübergang auf den Mitarbeiter an dessen ausschließlicher Stellung als Besitzdiener i. S. d. § 855 BGB; bei Übergabe der Plakate an ein externes Unternehmen wird dieses zwar unmittelbarer Besitzer der Plakate, der Plakateigentümer bleibt jedoch mittelbarer Besitzer i. S. d. § 868 BGB.

2. Verletzung des Besitzes

Auch im Hinblick auf den Besitz ist der Entzug desselben als die drastischste Form einer Besitzbeeinträchtigung zu sehen. Es stellt sich somit die Frage, ob Wildplakatierungen einen Besitzentzug an der beklebten Fläche oder dem überklebten Plakat zur Folge haben. Dies wäre dann der Fall, wenn der Wildplakatierer gemäß § 854 Abs. 1 BGB die tatsächliche Gewalt über die beklebte Fläche oder das überklebte Plakat erlangt, und diese Erlangung von einem natürlichen Besitzbegründungswillen getragen wird.[101]

Bezüglich der beklebten Fläche wird eine Wildplakatierung schon aufgrund der Tatsache, dass die Wildplakatierung von ihrer Größe her meist nur einen geringen Teil der Gesamtfläche in Anspruch nimmt, nur in Ausnahmefällen zu einer Erlangung der tatsächlichen Gewalt über die Fläche führen. Allenfalls in Einzelfällen kann aufgrund der Größe des angebrachten Plakats oder der Viel-

---

99 Zur Maßgeblichkeit des tatsächlichen Rechts: *Prütting*, Sachenrecht, Rn. 52; zur Maßgeblichkeit des Anscheins einer rechtlichen Befugnis: Bamberger/Roth/*Fritzsche*, § 854 Rn. 20; Staudinger Kommentar/*Bund*, § 854 Rn. 11.

100 Vgl. RG, Urt. v. 26.10.1912, RGZ 80, 281, 284; BGH, Urt. v. 19.10.1966, GRUR 1967, 138, 140.

101 Münchener Kommentar/*Joost*, BGB, § 854 Rn. 8; Palandt/*Bassenge*, § 854 Rn. 4; Erman/*Lorenz*, § 854 Rn. 10; Bamberger/Roth/*Fritzsche*, § 854 Rn. 24; Staudinger Kommentar/*Bund*, § 854 Rn. 14.

zahl der auf einer Fläche angebrachten Plakate eine Übernahme der tatsächlichen Herrschaft über die Fläche durch den Wildplakatierer angenommen werden. Während im Hinblick auf Flächen eine Besitzbegründung nur in Ausnahmefällen in Betracht kommt, ist die Sichtweise bei überklebten Plakaten eine andere. Werden Plakate überklebt, so erfolgt das Überkleben oftmals vollständig oder zumindest zu einem großen Teil. Aufgrund dieser vereinnahmenden Handlung werden diese Wildplakatierungen regelmäßig die Erlangung der tatsächlichen Gewalt über das überklebte Plakat zur Folge haben. Fälle, in denen Wildplakatierungen keine tatsächliche Sachherrschaft über das überklebte Plakat begründen, dürften hingegen nur dann in Betracht kommen, wenn das überklebende Plakat lediglich einen Bruchteil des überklebten Plakats einnimmt.

Sowohl in den Fällen, in denen der Wildplakatierer ausnahmsweise die tatsächliche Gewalt über die Fläche übernommen hat, als auch in den Fällen, in denen der Wildplakatierer die überklebten Plakate tatsächlich beherrscht, wird der Wildplakatierer regelmäßig auch den für die Besitzbegründung erforderlichen natürlichen Willen haben, Besitz an der beklebten Fläche oder dem überklebten Plakat zu erlangen.

Haben die Wildplakatierungen keinen Besitzentzug zur Folge, so führen sie zumindest zu einer Verletzung des Besitzes, indem die Anbringung von Plakaten ohne Willen des Besitzers, also durch verbotene Eigenmacht nach § 858 Abs. 1 BGB, auf dessen Fläche bzw. dessen Plakat erfolgt.

B. Gesetzliche Haftungsgrundlagen

Die Feststellung der Rechtsgutsverletzungen ermöglicht eine Konkretisierung der aufgrund dieser Verletzungen denkbaren gesetzlichen Haftungsgrundlagen. Mit Blick auf Eigentumsverletzungen kommen dabei Beseitigungs- und Unterlassungsansprüche nach § 1004 Abs. 1 BGB sowie Schadensersatzansprüche nach § 823 Abs. 1 BGB und § 823 Abs. 2 BGB i. V. m. einer Sachbeschädigung nach § 303 StGB in Betracht, während Besitzverletzungen Herausgabeansprüche nach § 985 BGB und § 861 Abs. 1 BGB, Beseitigungs- und Unterlassungsansprüche nach § 862 Abs. 1 BGB sowie Schadensersatzansprüche nach § 823 Abs. 1 BGB, ggf. i. V. m. § 992 BGB, auslösen können. Weitere aufgrund der Wildplakatierungen in Betracht kommende Haftungsgrundlage ist ein Herausgabeanspruch aus ungerechtfertigter Bereicherung nach § 812 Abs. 1 S. 1 BGB.

I. Ansprüche nach §§ 985 ff. BGB und § 861 Abs. 1 BGB

Führen die Wildplakatierungen im Ausnahmefall zu einem Besitzentzug an der beklebten Fläche oder im Regelfall zu einem Besitzentzug an dem überklebten Plakat, so hat diese Wildplakatierung zunächst einen Herausgabeanspruch des Flächen- oder Plakateigentümers gegen den Wildplakatierer als unmittelbarem Besitzer oder in den Fällen der Auftragsplakatierung gegen das werbende Unternehmen als mittelbarem Besitzer nach § 985 BGB zur Folge, da dem Wildplakatierer bzw. dem werbenden Unternehmen kein Recht zum Besitz an der beklebten Fläche oder dem überklebten Plakat gemäß § 986 BGB zusteht. Gegen das werbende Unternehmen als mittelbarem Besitzer kommt dabei anstelle des Herausgabeanspruchs auch ein Anspruch auf Abtretung seines Herausgabeanspruches gegen dem unmittelbaren Besitzer in Betracht.[102]

Daneben steht dem Besitzer, dem der Besitz durch verbotene Eigenmacht entzogen wird, ein Anspruch auf Wiedereinräumung des Besitzes nach § 861 Abs. 1 BGB zu.

Weiterhin kann die Besitzverschaffung durch verbotene Eigenmacht über § 992 BGB zu einem Schadensersatzanspruch nach § 823 BGB führen, sofern dessen Voraussetzungen vorliegen, worauf im weiteren Verlauf dieser Abhandlung noch eingegangen wird.[103]

II. Beseitigungs- und Unterlassungsanspruch nach § 1004 Abs. 1 BGB und § 862 Abs. 1 BGB

In den Fällen von Eigentums- oder Besitzbeeinträchtigungen, die keinen Besitzentzug i. S. d. § 985 BGB bzw. § 861 BGB darstellen, kommen Beseitigungs- und Unterlassungsansprüche nach § 1004 Abs. 1 BGB und nach § 862 Abs. 1 BGB als denkbare Haftungsgrundlagen in Betracht. Da die Voraussetzungen der Beseitigungs- und Unterlassungsansprüche nach § 1004 BGB und nach § 862 BGB, abgesehen von den unterschiedlich geforderten Rechtsgutsverletzungen und den Ausschlustatbeständen, identisch sind, werden die beiden Vorschriften im Folgenden gemeinsam abgehandelt. Sofern sich die folgenden Ausführungen (auch unter Hinziehung der Fußnoten) nur auf § 1004 BGB beziehen, gelten diese Ausführungen auch für die wesensgleichen Ansprüche aus § 862 Abs. 1 BGB.[104]

---

102 Palandt/*Bassenge*, § 985 Rn. 9; Staudinger Kommentar/*Gursky*, § 985 Rn. 71.
103 Siehe S. 51 ff. dieser Abhandlung.
104 Vgl. Münchener Kommentar/*Joost*, BGB, § 862 Rn. 1; Bamberger/Roth/*Fritzsche*, § 862 Rn. 2.

1. Wiederholungsgefahr

Während es für einen Beseitigungsanspruch nach § 1004 Abs. 1 S. 1 BGB bzw. nach § 862 Abs. 1 S. 1 BGB bereits ausreicht, dass die Eigentumsbeeinträchtigung bei § 1004 BGB und die Besitzbeeinträchtigung bei § 862 BGB gegenwärtig ist und noch andauert,[105] setzt ein Unterlassungsanspruch nach § 1004 Abs. 1 S. 2 BGB bzw. § 862 Abs. 1 S. 2 BGB entweder eine Wiederholungs- oder eine Erstbegehungsgefahr einer Eigentums- oder Besitzbeeinträchtigung voraus.[106] Eine Wiederholungsgefahr ist gemäß § 1004 Abs. 1 S. 2 BGB bzw. § 862 Abs. 1 S. 2 BGB gegeben, wenn weitere Beeinträchtigungen oder Störungen zu besorgen sind. Dabei reicht die Möglichkeit einer Wiederholung nicht aus, vielmehr muss die Wiederholung ernsthaft zu besorgen sein.[107] Ernsthaft zu besorgen ist sie dann, wenn eine Wiederholung des Verstoßes aufgrund von (Indiz-) Tatsachen wahrscheinlich zu sein scheint.[108] Eine Wiederholungsgefahr kann vermutet werden, wenn der Wildplakatierer bereits fremde Plakate überklebt oder seine Plakate oder Aufkleber bereits auf nicht angemieteten Flächen angebracht hat.[109] Dieser Grundsatz der Vermutung gilt zumindest für die Fälle, in denen die Beeinträchtigung schon mehrmals erfolgt ist.[110] In diesen Fällen spricht ein ge-

---

105 Zur Gegenwärtigkeit im Rahmen des § 1004 BGB: Bamberger/Roth/*Fritzsche*, § 1004 Rn. 33; Staudinger Kommentar/*Gursky*, § 1004 Rn. 17; *Baur/Stürner*, Sachenrecht, § 12 Rn. 20; zur Gegenwärtigkeit im Rahmen des § 862 BGB: Erman/*Lorenz*, § 862 Rn. 1; Prütting/Wegen/Weinreich/*Prütting*, § 862 Rn. 2; Bamberger/Roth/*Fritzsche*, § 862 Rn. 3.

106 Zur Wiederholungs- und Erstbegehungsgefahr im Rahmen des § 1004 BGB: RG, Urt. v. 17.2.1921, RGZ 101, 334, 340; BGH, Urt. v. 19.6.1951, BGHZ 2, 394, 395 f.; BGH, Urt. v. 17.9.2004, BGHZ 160, 232, 236; Erman/*Ebbing*, § 1004 Rn. 76; Staudinger Kommentar/*Gursky* § 1004 Rn. 213 f.; zur Wiederholungs- und Erstbegehungsgefahr im Rahmen des § 862 BGB: Soergel/*Stadler*, § 862 Rn. 2; Münchener Kommentar/*Joost*, BGB, § 862 Rn. 3.

107 Zur Wiederholungsgefahr im Rahmen des § 1004 BGB: OLG Karlsruhe, Urt. v. 26.10.1956, NJW 1956, 1922; RGRK/*Pikart*, § 1004 Rn. 103; Palandt/*Bassenge*, § 1004 Rn. 32; zur Wiederholungsgefahr im Rahmen des § 862 BGB: *Vieweg/Werner*, Sachenrecht, § 2 Rn. 59; Münchener Kommentar/*Joost*, BGB, § 862 Rn. 3.

108 Zur ernsthaften Besorgnis im Rahmen des § 1004 BGB: RG, Urt. v. 3.3.1913, JW 1913, 543; Staudinger Kommentar/*Gursky*, § 1004 Rn. 213; zur Wiederholungsgefahr im Rahmen des § 862 BGB: Soergel/*Stadler*, § 862 Rn. 5; *Wieling*, Sachenrecht, § 5 IV 2 c).

109 Zur Vermutung im Rahmen des § 1004 BGB allgemein: BGH, Urt. v. 27.5.1986, NJW 1986, 2503, 2505; BGH, Urt. v. 8.2.1994, GRUR 1994, 394, 395; BGH, Urt. v. 30.10.1998, BGHZ 140, 1, 10; BGH, Urt. v. 15.9.2003, NJW 2003, 3702; BGH, Urt. v. 12.12.2003, NJW 2004, 1035, 1036; OLG Brandenburg, Urt. v. 19.11.1995, NJW-RR 1996, 1514 f.; KG, Beschl. v. 15.2.1988, NJW-RR 1988, 846; Bamberger/Roth/*Fritzsche*, § 1004 Rn. 83; Jauernig/*Berger*, § 1004 Rn. 11; Palandt/*Bassenge*, 1004 Rn. 32; Münchener Kommentar/*Baldus*, BGB, § 1004 Rn. 135; Erman/*Ebbing*, § 1004 Rn. 77; zur Vermutung im Rahmen des § 862 BGB allgemein: Münchener Kommentar/*Joost*, BGB, § 862 Rn. 3; Erman/*Lorenz*, § 862 Rn. 8.

110 Bamberger/Roth/*Fritzsche*, § 1004 Rn. 83.

wisses Maß an Wahrscheinlichkeit für eine erneute Wildplakatierung. Fraglich ist jedoch, ob eine Wiederholungsgefahr auch in den Fällen vermutet werden kann, in denen die Wildplakatierung bisher nur ein einziges Mal erfolgt ist. Zur Beantwortung dieser Frage ist zwischen privaten und kommerziellen Plakatierungen zu unterscheiden. Die Vermutung der Wiederholungsgefahr bei nur einmal erfolgter Eigentumsbeeinträchtigung bedarf dabei eines zusätzlichen Tatbestands, der die Wahrscheinlichkeit der Wiederholung begründet.[111] Während Plakatierungen im privaten Bereich in der Regel keinen, die Vermutung der Wiederholungsgefahr begründenden zusätzlichen Tatbestand aufweisen, die Wiederholungsgefahr bei erstmaliger Begehung also anhand der Umstände des Einzelfalls positiv festzustellen ist, verhält es sich bei kommerziellen Plakatierungen regelmäßig anders.[112] Der zusätzliche, die Vermutung der Wiederholungsgefahr begründende Tatbestand ist bei Handlungen zu kommerziellen Zwecken in der Beeinträchtigung innerhalb des geschäftlichen Wettbewerbs zu sehen, da die Verwendung unzulässiger Wettbewerbsmittel bei einer geschäftlichen Handlung erfahrungsgemäß auf eine möglichst häufige Wiederholung gerichtet ist.[113] Bei kommerziellen Plakatierungen begründet somit regelmäßig schon die erste Wildplakatierung die Vermutung der Wiederholungsgefahr. Hinsichtlich der Frage, wann Wildplakatierungen geschäftliche Handlungen darstellen und damit schon bei erstmaliger Begehung eine Vermutung auslösen, wird auf die wettbewerbsrechtlichen Ausführungen dieser Abhandlung verwiesen.[114]

Ist eine Wiederholungsgefahr zu vermuten, kann eine solche Vermutung nur unter strengen Voraussetzungen widerlegt werden.[115] Dem Wildplakatierer ist eine Widerlegung der vermuteten Wiederholungsgefahr dabei grundsätzlich nur durch eine strafbewehrte Unterlassungserklärung möglich, indem er eine Erklärung darüber abgibt, Wildplakatierungen in Zukunft zu unterlassen und im Fall des Zuwiderhandelns eine Vertragsstrafe zu zahlen.[116]

---

111 Bamberger/Roth/*Fritzsche*, § 1004 Rn. 83.
112 Vgl. Soergel/*Münch*, § 1004 Rn. 207.
113 BGH, Urt. v. 16.11.1954, GRUR 1955, 342, 345; BGH, Urt. v. 29.4.1958, GRUR 1959, 31, 33; BGH, Urt. v. 13.7.1959, GRUR 1959, 544, 547; zu § 1004 BGB: vgl. RGRK/*Pikart*, § 1004 Rn. 109.
114 Siehe S. 69 ff. dieser Abhandlung.
115 BGH, Urt. v. 6.7.1954, BGHZ 14, 163, 167; BGH, Urt. v. 30.10.1998, NJW 1999, 356, 359; Bamberger/Roth/*Fritzsche*, § 1004 Rn. 85; Palandt/*Bassenge*, § 1004 Rn. 32.
116 Vgl. OLG Hamburg, Beschl. v. 31.1.2002, NZG 2002, 873, 874; *Fritzsche*, Unterlassungsanspruch, S. 188.

2. Ausschluss der Ansprüche aus § 1004 BGB und § 862 BGB

Während ein Ausschluss des Beseitigungs- und Unterlassungsanspruchs aus § 862 Abs. 1 BGB aufgrund § 862 Abs. 2 BGB in den Fällen der Wildplakatierungen von vornherein zu verneinen ist, da eine Fallkonstellation, in der der Besitzer der beklebten Fläche oder des überklebten Plakats dem Wildplakatierer gegenüber fehlerhaft besitzt, so gut wie ausgeschlossen ist, bedarf ein möglicher Ausschluss des Beseitigungs- und Unterlassungsanspruchs aus § 1004 Abs. 1 BGB aufgrund § 1004 Abs. 2 BGB einer genaueren Prüfung.

Nach § 1004 Abs. 2 BGB kann trotz andauernder Eigentumsbeeinträchtigung bzw. bestehender Wiederholungsgefahr einer Eigentumsbeeinträchtigung eine Haftung nach § 1004 Abs. 1 BGB dann ausgeschlossen sein, wenn der Eigentümer der plakatierten Fläche ausnahmsweise zur Duldung der Eigentumsbeeinträchtigung verpflichtet wäre. Auch wenn der Inhalt der Plakate oder Aufkleber im Einzelfall als Meinung i. S. d. Art. 5 Abs. 1 S. 1 GG qualifiziert werden kann und somit unter das Recht des Wildplakatierers auf Meinungsfreiheit fallen würde, führt eine Abwägung des Interesses des Wildplakatierers auf Meinungsäußerung und der Interessen des Eigentümers, der sich auf sein Grundrecht nach Art. 14 GG berufen kann, jedoch regelmäßig zu einem Überwiegen der Eigentümerinteressen. Die Meinungsfreiheit berechtigt nicht dazu, seine Meinung in jeder Form und mit jedem Mittel, auch unter Beeinträchtigung fremder Eigentumsinteressen, zu äußern.[117] Durch die Anerkennung eines Übergewichts der Eigentümerinteressen wird der Wildplakatierer nicht daran gehindert, seine Meinung in anderer Form oder auf anderen Flächen, an denen ihm ein Nutzungsrecht zusteht, zu äußern. Die Untersagung der Meinungsäußerung in Form von Plakatierungen bezieht sich lediglich auf Flächen, an denen dem Wildplakatierer kein Plakatierrecht zusteht.

Dies gilt entsprechend für das Recht des Wildplakatierers auf Kunstfreiheit nach Art. 5 Abs. 3 S. 1 GG. Hinsichtlich der Frage, ob Plakate oder Aufkleber als Kunst einzustufen sind, wird auf die vorangegangenen Ausführungen verwiesen.[118] Kann das betroffene Plakat oder der betroffene Aufkleber aufgrund seines Inhalts als Kunst eingeordnet werden, erfährt die Kunstfreiheit ihre Grenzen jedoch durch die Verfassung.[119] Somit hat vorliegend auch im Hinblick auf die Kunstfreiheit eine Abwägung mit dem Grundrecht auf Eigentum nach Art. 14

---

117 BVerfG, Urt. v. 15.1.1958, BVerfGE 7, 230, 234; vgl. unter Bezugnahme auf Art. 9 Abs. 3 GG: BAG, Urt. v. 23.2.1979, SAE 1980, 187, 191.

118 Siehe S. 22 f. dieser Abhandlung.

119 BVerfG, Beschl. v. 24.2.1971, BVerfGE 30, 173, 193; BVerfG, Beschl. v. 17.7.1984, BVerfGE 67, 213, 228; *Pieroth/Schlink*, Staatsrecht II, Rn. 681; Jarass/Pieroth/*Jarass*, Art. 5 Rn. 113.

GG zu erfolgen, die zu keinem anderen Ergebnis führt, als im Rahmen des Rechts auf Meinungsfreiheit bereits aufgezeigt.

Bei Wildplakatierungen kommt somit kein Ausschluss des Beseitigungs- und Unterlassungsanspruchs aus § 1004 Abs. 1 BGB aufgrund § 1004 Abs. 2 BGB in Betracht.

3. Haftungssubjekt im Rahmen des § 1004 BGB und § 862 BGB

Nach Feststellung der Voraussetzungen der Beseitigungs- und Unterlassungsansprüche gemäß § 1004 Abs. 1 BGB und § 862 Abs. 1 BGB ist weiterhin zu untersuchen, wer diesen Ansprüchen als Haftungssubjekt ausgesetzt ist. Da sich auch der Störerbegriff des § 862 BGB nach den zu § 1004 BGB entwickelten Störerkriterien bestimmt,[120] gelten die folgenden Ausführungen erneut sowohl für § 1004 BGB als auch für § 862 BGB. Zur besseren Veranschaulichung wird die Frage des Haftungssubjekts anhand der in der Einführung erläuterten Fallgruppen (Eigen- und Auftragsplakatierung) untersucht.

a) Eigenplakatierung

Die Frage des Haftungssubjekts stellt sich zunächst in den Fällen der Eigenplakatierung.

aa) Eigenhändige Plakatierungen eines werbenden Unternehmens oder einer Privatperson

Kommerzielle Plakatierungen, bei denen das werbende Unternehmen durch seine Handlungsorgane plakatiert, mögen bei größeren werbenden Unternehmen zwar nur schwer vorstellbar sein, kommen aber vor allem bei kleineren Unternehmen vor, die nur mit einer geringen Mitarbeiteranzahl und einem begrenzten Werbebudget ausgestattet sind. Denkbar sind solche Plakatierungen beispielsweise bei Veranstaltern öffentlicher Partys oder Mitgliedern einer lokalen Musikgruppe, die mittels Plakaten für ihre Konzerte werben.

Plakatiert eine Privatperson oder ein werbendes Unternehmen selbst, kommt eine Haftung als Handlungsstörer in Betracht. Handlungsstörer ist derjenige, der die Eigentumsbeeinträchtigung durch positives Tun oder pflichtwidriges Unterlassen adäquat kausal verursacht.[121] Werden Plakate in unzulässiger Weise auf

---

120 Münchener Kommentar/*Joost*, BGB, § 862 Rn. 9; Palandt/*Bassenge*, § 862 Rn. 8; Staudinger Kommentar/*Bund*, § 862 Rn. 9.

121 RG, Urt. v. 9.1.1918, RGZ 92, 22, 24; BGH, Urt. v. 22.9.2000, NJW-RR 2001, 232; BGH, Urt. v. 4.2.2005, NJW 2005, 1366, 1368; BGH, Urt. v. 1.12.2006, NJW 2007, 432; *Brehm/Berger*,

einer fremden Fläche angebracht oder fremde Plakate überklebt, so wird eine Eigentums- und/oder Besitzbeeinträchtigung an der plakatierten Fläche bzw. den überklebten Plakaten durch diese Wildplakatierung adäquat kausal verursacht, weshalb eine Haftung als Handlungsstörer in diesen Fällen unproblematisch bejaht werden kann.

bb) Plakatierungen durch Mitarbeiter des werbenden Unternehmens

Die Frage der Haftung stellt sich weiterhin bei Wildplakatierungen, die durch den Mitarbeiter des werbenden Unternehmens begangen werden. In diesen Fällen haftet grundsätzlich zunächst einmal der plakatierende Mitarbeiter als Handlungsstörer für die begangenen Wildplakatierungen.

Inwieweit die Wildplakatierungen neben der Haftung des Mitarbeiters auch zu einer Haftung des hinter dem Mitarbeiter stehenden werbenden Unternehmens nach § 1004 Abs. 1 BGB bzw. § 862 Abs. 1 BGB führen, beurteilt sich danach, ob das werbende Unternehmen als Handlungs- oder Zustandsstörer qualifiziert werden kann.

(1) Handlungsstörer

Schaltet das werbende Unternehmen für die Durchführung der Plakatierungen einen Mitarbeiter ein, so scheidet es als unmittelbarer Handlungsstörer aus, da es die Wildplakatierungen nicht selbst begeht. Störer kann aber auch derjenige sein, der die Eigentumsstörung zwar nicht selbst vornimmt, diese jedoch adäquat kausal veranlasst und in der Lage ist, die Störung zu verhindern.[122] Adäquanz bedeutet dabei, dass eine Tatsache nicht nur unter besonders eigenartigen, unwahrscheinlichen und ungewöhnlichen Umständen geeignet ist, einen Erfolg dieser Art herbeizuführen.[123]

Allein die Ausgabe von rein kommerziellen Plakaten durch das werbende Unternehmen an einen Mitarbeiter reicht noch nicht aus, um eine adäquat kau-

---

Sachenrecht, Rn. 7.22; Jauernig/*Berger*, § 1004 Rn. 16; Staudinger Kommentar/*Gursky*, § 1004 Rn. 93; Palandt/*Bassenge*, § 1004 Rn. 16; Bamberger/Roth/*Fritzsche*, § 1004 Rn. 15 f.

122 RG, Urt. v. 4.11.1931, RGZ 134, 231, 234; BGH, Urt. v. 26.10.1951, BGHZ 3, 270, 275 f.; BGH, Urt. v. 21.9.1960, NJW 1960, 2335; BGH, Urt. v. 24.11.1967, BGHZ 49, 340, 347; BGH, Urt. v. 10.11.1972, NJW 1973, 326; BGH, Urt. v. 30.10.1981, NJW 1982, 440; BGH, Urt. v. 20.12.1988, BGHZ 106, 229, 235; OLG Frankfurt a. M., Urt. v. 22.8.1974, OLGZ 1975, 224, 226; OLG Saarbrücken, Urt. v. 7.1.1987, NJW-RR 1987, 500, 501; OLG Koblenz, Urt. v. 18.1.2001, NJW-RR 2002, 1031, 1032; OLG Koblenz, Urt. v. 21.7.2003, NJW 2003, 2837.

123 BGH, Urt. v. 25.9.1952, BGHZ 7, 198, 204; BGH, Urt. v. 14.10.1971, BGHZ 57, 137, 141; BGH, Urt. v. 9.10.1997, BGHZ 137, 11, 19; BGH, Urt. v. 7.4.2000, BGHZ 144, 200, 203; OLG Koblenz, Urt. v. 21.7.2003, NJW 2003, 2837.

sale Verursachung der Wildplakatierungen durch das werbende Unternehmen annehmen zu können. Das werbende Unternehmen muss nicht damit rechnen, dass sich der Mitarbeiter allein durch die Ausgabe oder durch den Inhalt der ausgegebenen, rein kommerziellen Plakate zur Vornahme von Wildplakatierungen motiviert fühlt. Vielmehr bedarf es bei kommerziellen Plakaten eines zusätzlichen Umstands, der die Wahrscheinlichkeit, dass der Mitarbeiter Wildplakatierungen mit den ausgegebenen Plakaten begeht, erhöht. Ein derartiger zusätzlicher Umstand wäre selbstredend dann gegeben, wenn das werbende Unternehmen den Mitarbeiter ausdrücklich anweist, mit den ausgegebenen Plakaten Wildplakatierungen zu begehen. In allen anderen Fällen wird ein die Adäquanz begründender Umstand nur ausnahmsweise bejaht werden können (z. B. weil der Mitarbeiter, dem die Plakate ausgehändigt werden, ein gesteigertes Interesse an dem Vertrieb der beworbenen Produkte hat, indem er an dem mit dem Produkt erzielten Umsatz beteiligt ist).

Kann die adäquat kausale Verursachung der Wildplakatierungen durch das werbende Unternehmen bejaht werden, erfordert die mittelbare Störereigenschaft weiterhin, dass das werbende Unternehmen auch über die Möglichkeit verfügt, die Wildplakatierungen zu verhindern.[124] Der Störer ist dabei nur verpflichtet, rechtlich oder wirtschaftlich zumutbare Maßnahmen zu ergreifen.[125] Kann er beweisen, dass er alle ihm zumutbaren Maßnahmen vorgenommen hat, scheidet eine Haftung als mittelbarer Störer aus.[126] Mögliche Maßnahmen zur Verhinderung von Wildplakatierungen reichen von einer entsprechenden Kontrolle der vorgenommenen Plakatierungen bis hin zu einer konsequenten Verfolgung von Verstößen, verbunden mit einer Androhung und ggf. Durchsetzung wirtschaftlicher und rechtlicher Sanktionen.[127] Zudem muss das werbende Unternehmen sicherstellen, dass die Plakate nicht wahllos an beliebige Mitarbeiter verteilt, sondern gezielt nur vertrauenswürdigen Mitarbeitern ausgehändigt werden.[128] Diese Vor-

---

124 Vgl. RG, Urt. v. 4.11.1931, RGZ 134, 231, 234; BGH, Urt. v. 26.10.1951, BGHZ 3, 270, 275 f.; BGH, Urt. v. 21.9.1960, NJW 1960, 2335; BGH, Urt. v. 24.11.1967, BGHZ 49, 340, 347; BGH, Urt. v. 10.11.1972, NJW 1973, 326; BGH, Urt. v. 30.10.1981, NJW 1982, 440; BGH, Urt. v. 20.12.1988, BGHZ 106, 229, 235; OLG Frankfurt a. M., Urt. v. 22.8.1974, OLGZ 1975, 224, 226; OLG Saarbrücken, Urt. v. 7.1.1987, NJW-RR 1987, 500, 501; OLG Koblenz, Urt. v. 18.1.2001, NJW-RR 2002, 1031, 1032; OLG Koblenz, Urt. v. 21.7.2003, NJW 2003, 2837.

125 BGH, Urt. v. 30.10.1981, NJW 1982, 440, 441; BGH, Urt. v. 20.12.1988, BGHZ 106, 229, 235; Bamberger/Roth/*Fritzsche*, § 1004 Rn. 17; Palandt/*Bassenge*, § 1004 Rn. 33.

126 BGH, Urt. v. 30.10.1981, NJW 1982, 440; BGH, Urt. v. 20.12.1988, BGHZ 106, 229, 235; Bamberger/Roth/*Fritzsche*, § 1004 Rn. 17.

127 Vgl. Palandt/*Bassenge*, § 1004 Rn. 33; ähnlich zu dem vergleichbaren Sachverhalt der Verteilung von Werbe-Handzetteln: BGH, Urt. v. 20.12.1988, BGHZ 106, 229, 235 f.

128 OLG Koblenz, Urt. v. 21.7.2003, NJW 2003, 2837, 2838; LG Bonn, Urt. v. 15.6.1973, NJW 1973, 2292, 2294; AG Leipzig, Urt. v. 18.7.1997, NJW-RR 1998, 240.

kehrungen stellen für das werbenden Unternehmen zumutbare Maßnahmen dar. Dem werbenden Unternehmen nicht zumutbar wäre hingegen die vollständige Unterlassung von Werbung mittels Plakaten.[129]

Kann zusätzlich zur adäquat kausalen Veranlassung der Wildplakatierungen auch die Zumutbarkeit der Vornahme von Maßnahmen gegen Wildplakatierungen durch das werbende Unternehmen bejaht werden, haftet das werbende Unternehmen für die von seinem Mitarbeiter begangenen Wildplakatierungen als mittelbarer Handlungsstörer.

(2) Zustandsstörer

Eine haftungsbegründende Störung des werbenden Unternehmens könnte weiterhin darin gesehen werden, dass die Plakate, nachdem sie unerlaubt angebracht wurden, von dem werbenden Unternehmen hängen gelassen und nicht umgehend wieder beseitigt werden. Das Andauernlassen eines rechtswidrigen Zustands kann eine Haftung als Zustandsstörer auslösen. Zustandsstörer ist derjenige, durch dessen Willen die Beeinträchtigung aufrechterhalten wird.[130] Als Zustandsstörer kommen der Eigentümer oder sonstige Verfügungsberechtigte der störenden Sache in Betracht.[131]

Wird ein Plakat wild angebracht, so führt diese Wildplakatierung regelmäßig zu einem störenden Zustand in Form einer Eigentums- und / oder Besitzbeeinträchtigung. Solange das wild angebrachte Plakat von dessen Eigentümer oder sonstigem Verfügungsberechtigten willentlich nicht entfernt wird, obwohl er von der begangenen Wildplakatierung Kenntnis erlangt hat, haftet er für diese Wildplakatierung als Zustandsstörer. Der für die Aufrechterhaltung des störenden Zustands erforderliche Wille kann dem Plakateigentümer nur dann abgesprochen werden, wenn er von der Wildplakatierung keine Kenntnis erlangt hat. In letztgenanntem Fall scheidet eine Haftung als Zustandsstörer aus.

---

129 Ähnlich zu dem vergleichbaren Sachverhalt der Werbung mit Handzetteln: BGH, Urt. v. 20.12.1988, BGHZ 106, 229, 235.

130 RG, Urt. v. 9.1.1918, RGZ 92, 22, 24 f.; RG, Urt. v. 29.7.1936, JW 1936, 3454; RG, Urt. v. 9.1.1939, RGZ 159, 129, 136; BGH, Urt. v. 17.9.1954, BB 1954, 914; BGH, Urt. v. 22.9.2000, NJW-RR 2001, 232; BGH, Urt. v. 22.3.1966, NJW 1966, 1360, 1361; BGH, Urt. v. 19.1.1996, NJW-RR 1996, 659; BGH, Urt. v. 24.1.2003, NJW-RR 2003, 953, 955; BGH, Urt. v. 1.12.2006, NJW 2007, 432; *Baur/Stürner*, Sachenrecht, § 12 Rn. 14; Palandt/*Bassenge*, § 1004 Rn. 19.

131 RGRK/*Pikart*, § 1004 Rn. 53; *Westermann*, Sachenrecht, Rn. 70.

b) Auftragsplakatierung

Die Frage nach dem Haftungssubjekt im Rahmen der gesetzlichen Beseitigungs- und Unterlassungsansprüche stellt sich weiterhin in den Fällen der Auftragsplakatierung.

aa) Haftung des eingeschalteten Unternehmens

Die Haftung des eingeschalteten Unternehmens beurteilt sich – vergleichbar den Ausführungen zu der Haftung des werbenden Unternehmens im Rahmen der Eigenplakatierungen – auch bei den Auftragsplakatierungen danach, ob das zur Vornahme der Plakatierungen eingeschaltete Unternehmen selbst oder ein von ihm angewiesener Mitarbeiter die Wildplakatierungen begeht. Plakatiert ein Mitarbeiter des eingeschalteten Unternehmens, so ist dieser unmittelbarer Handlungsstörer, während das eingeschaltete Unternehmen nur mittelbarer Handlungsstörer sein kann. Begeht das eingeschaltete Unternehmen die Wildplakatierungen durch sein Handlungsorgan oder seinen Inhaber, so haftet es selbst als unmittelbarer Handlungsstörer.

bb) Haftung des werbenden Unternehmens

Eine Haftung kann in den Fällen der Auftragsplakatierung aber nicht nur das eingeschaltete Unternehmen bzw. dessen Mitarbeiter, sondern auch das mit Plakaten werbende Unternehmen treffen, das das externe Unternehmen für die Vornahme von Plakatierungen eingeschaltet hat. Da die Qualifizierung als mittelbarer Störer keine Weisungsbefugnis voraussetzt,[132] kommt auch in den Fällen der Auftragsplakatierungen eine Haftung als mittelbarer Störer in Betracht, wenn die Wildplakatierungen von dem werbenden Unternehmen adäquat kausal verursacht und nicht alle zumutbaren Maßnahmen zur Verhinderung der Wildplakatierungen vorgenommen wurden. Hinsichtlich des Vorliegens dieser beiden Merkmale wird auf die Ausführungen zur Fallgruppe der Eigenplakatierungen verwiesen,[133] so dass eine adäquate Kausalität nur in Ausnahmefällen, die Zumutbarkeit von Verhinderungsmaßnahmen hingegen regelmäßig angenommen werden kann.

Darüber hinaus unterliegt der Eigentümer oder sonstige Verfügungsbefugte der wild angebrachten Plakate bei Kenntnis der Wildplakatierung und mangelndem Vorgehen gegen diese auch einer Haftung als Zustandsstörer.

---

132 Vgl. OLG Saarbrücken, Urt. v. 7.1.1987, NJW-RR 1987, 500, 501; zu § 862 BGB: BGH, Urt. v. 30.5.1962, NJW 1962, 1342.
133 Siehe S. 47 ff. dieser Abhandlung.

III. Schadensersatzanspruch nach § 823 BGB

Die durch die Wildplakatierungen verursachten Verletzungen der Rechtsgüter Eigentum und Besitz können zudem einen Schadensersatzanspruch nach § 823 BGB, im Falle eines Besitzentzugs durch verbotene Eigenmacht über § 992 BGB, zur Folge haben.

1. Schadensersatzanspruch nach § 823 Abs. 1 BGB

Zunächst käme aufgrund der Verletzungen des Eigentums, das ausdrücklich als Rechtsgut in § 823 Abs. 1 BGB aufgeführt ist, und des Besitzes, der als sonstiges Recht i. S. d. § 823 Abs. 1 BGB allgemein erkannt ist,[134] ein Schadensersatzanspruch nach § 823 Abs. 1 BGB in Betracht, sofern dessen weitere Voraussetzungen erfüllt sind.

a) Erheblichkeit der Rechtsgutsverletzung

Von den bereits festgestellten Verletzungen (Besitzentzug oder -verletzung, Substanzverletzung, Verunstaltung des äußeren Erscheinungsbildes und unbefugter Gebrauch) erfordern Verletzungen in Form eines unbefugten Gebrauchs und damit in Form einer Beeinträchtigung des bestimmungsgemäßen Gebrauchs im Gegensatz zu den anderen Verletzungsformen für einen Schadensersatzanspruch nach § 823 Abs. 1 BGB ein zusätzliches Tatbestandsmerkmal dergestalt, dass die Verletzungen in Form des unbefugten Gebrauchs eine gewisse Intensität aufweisen müssen und infolgedessen nicht unerheblich sein dürfen.[135] Mit Blick auf plakatierte Anschlagsflächen kommt eine erhebliche Beeinträchtigung des bestimmungsgemäßen Gebrauchs vor allem in den Fällen in Betracht, in denen Plakate mehrmals auf der betroffenen Fläche wild angebracht werden, die Plakate aufgrund der Art und Weise ihrer Anbringung nicht leicht von der plakatierten Fläche entfernt oder aufgrund ihrer Größe nicht ohne weiteres überklebt werden können. Eine erhebliche Beeinträchtigung des bestimmungsgemäßen Gebrauchs der beklebten Fläche oder der überklebten Plakate kann weiterhin in der Form vorliegen, dass Wildplakatierungen den Werbeeffekt der überklebten

---

134 RG, Urt. v. 25.10.1917, RGZ 91, 60, 65 f.; BGH, Urt. v. 26.3.1974, BGHZ 62, 243, 248; BGH, Urt. v. 18.11.1980, NJW 1981, 759, 751; Soergel/*Spickhoff*, § 823 Rn. 98; Bamberger/Roth/ *Spindler*, § 823 Rn. 83.
135 BGH, Urt. v. 7.12.1993, NJW 1994, 517, 518; BGH, Urt. v. 6.12.1994, NJW-RR 1995, 342; BGH, Urt. v. 31.3.1998, NJW 1998, 1942, 1943; Staudinger Kommentar/*Hager*, § 823 Rn. B 97; Münchener Kommentar/*Wagner*, BGB, § 823 Rn. 118.

Plakate schmälern bzw. ausschließen und dadurch die mit der Fläche verbundene Nutzungsbestimmung als Anschlagsfläche eingeschränkt wird.

Durch den unbefugten Gebrauch einer Fläche für Wildplakatierungen kann auch die bestimmungsgemäße Verwendung von Wohn- oder Geschäftshäusern erheblich beeinträchtigt werden. Abhängig davon, in welcher Gegend sich das Wohn- oder Geschäftshaus befindet und welche Klientel es aufgrund seiner Ausstattung und dem Willen des Eigentümers ansprechen soll, kann die verunstaltende Wirkung von Wildplakatierungen potenzielle Mieter davon abhalten, Räume in dem Wohn- oder Geschäftshaus anzumieten, wodurch die bestimmungsgemäße Verwendung des Hauses als Mietobjekt erheblich beeinträchtigt sein kann. Auch können permanente und exzessive Wildplakatierungen Kunden abschrecken, die in einem Geschäftshaus befindlichen Geschäfte aufzusuchen, was sich ebenfalls negativ auf die bestimmungsgemäße Verwendung des Hauses als Geschäftshaus auswirken und damit die erforderliche Intensität aufweisen kann.

b) Rechtsgutsverletzungen durch Unterlassen

Während das Unterlassensmoment im Rahmen der Beseitigungs- und Unterlassungsansprüche nach § 1004 Abs. 1 BGB und § 862 Abs. 1 BGB im Zusammenhang mit der Zustandsstörerhaftung Berücksichtigung gefunden hat, kann der Umstand, dass das werbende Unternehmen von Wildplakatierungen, die mit seinen Plakaten begangen wurden, Kenntnis erlangt, dagegen aber nicht einschreitet, auch eine Haftung nach § 823 Abs. 1 BGB auslösen.[136] Eine Haftung aus § 823 Abs. 1 BGB aufgrund eines Unterlassens kommt dabei jedoch nur dann in Betracht, wenn der Unterlassende die Pflicht gehabt hätte, zu handeln und die Rechtsgutsverletzung abzuwenden.[137] Liegt, wie beispielsweise in den Fällen, in denen mit gleichartigen Plakaten schon einmal Wildplakatierungen begangen wurden, eine Verkehrssicherungspflicht aufgrund der naheliegenden Möglichkeit einer durch die Wildplakatierungen verursachten Rechtsgutsverletzung vor,[138] muss das werbende Unternehmen ausreichende und zumutbare Vorkehrungen gegen Wildplakatierungen treffen (z. B. nur noch gezielte Aushändigung der

---

136 Zum Unterlassen als Verletzungshandlung im Rahmen des § 823 BGB: vgl. AG Leipzig, Urt. v. 18.7.1997, NJW-RR 1998, 240; Bamberger/Roth/*Spindler*, § 823 Rn. 6; Palandt/*Sprau*, § 823 Rn. 2; Erman/*Schiemann*, § 823 Rn. 13.

137 Jauernig/*Teichmann*, § 823 Rn. 29; Erman/*Schiemann*, § 823 Rn. 77; Soergel/*Spickhoff*, § 823 Rn. 15; Staudinger Kommentar/*Hager*, § 823 Rn. H 5.

138 Vgl. BGH, Urt. v. 15.4.1975, VersR 1975, 812; BGH, Urt. v. 2.10.1979, NJW 1980, 223; AG Leipzig, Urt. v. 18.7.1997, NJW-RR 1998, 240.

Plakate an vertrauenswürdige Personen,[139] Abschluss von sanktionsbewehrten Vereinbarungen für den Fall von Wildplakatierungen,[140] stichprobenartige Kontrollen[141]).[142]

c) Rechtswidrigkeit der Wildplakatierungen

Die im Rahmen des § 823 Abs. 1 BGB geforderte Rechtswidrigkeit des Verhaltens wird durch die Verletzung eines von § 823 Abs. 1 BGB geschützten Rechtsguts grundsätzlich indiziert.[143] Dies gilt auch für Rechtsgutsverletzungen, die von den Wildplakatierungen verursacht werden. Diese Indikation wird weder durch Rechtfertigungsgründe des Wildplakatierers noch durch die dem Wildplakatierer zustehenden Grundrechte auf Meinungsfreiheit nach Art. 5 Abs. 1 S. 1 BGB oder Kunstfreiheit nach Art. 5 Abs. 3 S. 1 GG widerlegt, da diese Grundrechte nicht dazu berechtigen, fremdes Eigentum oder fremden Besitz zu beeinträchtigen.

d) Verschulden des Wildplakatierers

Die Verletzung des Eigentums oder des Besitzes müsste gemäß § 823 Abs. 1 BGB zudem vorsätzlich oder fahrlässig erfolgt sein. Wildplakatierungen ist regelmäßig ein Vorsatzelement eigen. So ist z. B. bei Wildplakatierungen in Form des Überklebens fremder Plakate eine Kenntnis des Wildplakatierers von seiner mangelnden Befugnis, fremde Plakate zu überkleben, anzunehmen.

Sollte Vorsatz im Einzelfall aufgrund der konkreten Umstände nicht bejaht werden können, so wird zumindest Fahrlässigkeit unterstellt werden können, da dem Wildplakatierer, der Plakate auf Stellen anbringt, die nicht in seinem Eigentum stehen und die er nicht angemietet hat, ohne weiteres erkennbar ist, dass er zu diesen Plakatierungen nicht befugt ist.

2. Schadensersatzanspruch nach § 823 Abs. 2 BGB

Die Verletzung des Rechtsguts Eigentum kann weiterhin einen Schadensersatzanspruch nach § 823 Abs. 2 BGB i. V. m. einer Sachbeschädigung nach

---

139 Vgl. LG Bonn, Urt. v. 15.6.1973, NJW 1973, 2292, 2294; AG Leipzig, Urt. v. 18.7.1997, NJW-RR 1998, 240.

140 OLG Frankfurt a. M., Urt. v. 16.8.1990, OLGZ 1991, 81, 83.

141 LG Bonn, Urt. v. 15.6.1973, NJW 1973, 2292, 2294.

142 Vgl. OLG Frankfurt a. M., Urt. v. 16.8.1990, OLGZ 1991, 81, 83; LG Bonn, Urt. v. 15.6.1973, NJW 1973, 2292, 2293 f.; AG Leipzig, Urt. v. 18.7.1997, NJW-RR 1998, 240.

143 *Schlechtriem*, Schuldrecht BT, Rn. 852; *Looschelders*, Schuldrecht BT, Rn. 1227; Erman/*Schiemann*, § 823 Rn. 146.

§ 303 StGB auslösen, das ein Schutzgesetz im Sinne des § 823 Abs. 2 BGB darstellt.[144] Die Voraussetzungen (z.B. Eigentumsverletzung, Vorliegen eines Schadens) und Rechtsfolgen eines Schadensersatzanspruchs nach § 823 Abs. 2 BGB
i. V. m. § 303 StGB sind grundsätzlich deckungsgleich mit denen des Schadensersatzanspruchs nach § 823 Abs. 1 BGB.

Sofern sich der Schadensersatzanspruch nach § 823 Abs. 2 BGB i. V. m.
§ 303 StGB von dem Schadensersatzanspruch nach § 823 Abs. 1 BGB unterscheidet, stellt der Schadensersatzanspruch nach § 823 Abs. 2 BGB i. V. m.
§ 303 StGB an die sich unterscheidenden Punkte strengere Anforderungen als
§ 823 Abs. 1 BGB. Dies gilt zunächst für die von § 303 StGB geforderten Er-
heblichkeitsmerkmale. Während im Rahmen des § 303 Abs. 1 StGB die Erheblichkeit der Substanzverletzung[145] sowie im Rahmen des § 303 Abs. 2 StGB eine
nicht nur unerhebliche und vorübergehende Änderung des Erscheinungsbildes
gefordert wird, lässt § 823 Abs. 1 BGB im Gegensatz dazu jegliche Eigentumsverletzung in Form einer Substanzverletzung oder in Form einer Verunstaltung, unabhängig von ihrer Intensität, genügen. Ein weiteres Merkmal, an das
§ 303 StGB strengere Anforderungen stellt als § 823 Abs. 1 BGB, ist der subjektive Tatbestand. § 303 StGB verlangt in subjektiver Hinsicht Vorsatz,[146] während der subjektive Tatbestand des § 823 Abs. 1 BGB bereits Fahrlässigkeit aus-
reichen lässt. Diese unterschiedlich strengen Anforderungen der beiden Tatbestände haben zur Folge, dass die Fälle der Wildplakatierungen, die einen Scha-
denersatzanspruch nach § 823 Abs. 2 BGB i. V. m. § 303 StGB begründen, oh-
nehin schon einen Schadensersatzanspruch nach § 823 Abs. 1 BGB auslösen.

3. Verursachter Schaden

Führen die Rechtsgutsverletzungen zu einer Beschädigung der plakatierten Fläche, kann auf die Ausführungen zur vertraglichen Haftung verwiesen werden.[147]
Diese Ausführungen gelten entsprechend für Rechtsgutsverletzungen an Plakaten, durch die diese in ihrer Substanz verletzt oder gar zerstört werden, sowie für
Rechtsgutsverletzungen in Form der Verunstaltung des äußeren Erscheinungsbildes oder des unbefugten Gebrauchs. Danach hat der Wildplakatierer in den
Fällen der Substanzverletzung oder der Verunstaltung des äußeren Erscheinungsbildes Naturalrestitution nach § 249 Abs. 1 BGB oder Geldersatz nach

---

144 *Fikentscher/Heinemann*, Schuldrecht, Rn. 1627; *Looschelders*, Schuldrecht BT, Rn. 1279.
145 *Gössel*, JR 1980, 184, 188; *Lackner/Kühl*, § 303 Rn. 5; Schönke/Schröder/*Stree/Hecker*, § 303
   Rn. 8 f.
146 Münchener Kommentar/*Wieck-Noodt*, StGB, § 303 Rn. 60; *Lackner/Kühl*, § 303 Rn. 8; *Fischer*,
   § 303 Rn. 21.
147 Siehe S. 34 f. dieser Abhandlung.

§ 249 Abs. 2 BGB zu leisten. Ist die Wiederherstellung des früheren Zustands hingegen unmöglich, z. B. bei unbefugtem Gebrauch der Fläche, ist eine Geldentschädigung nach § 251 Abs. 1 BGB zu zahlen. Da der entgangene Gewinn in den meisten Fällen der Wildplakatierungen nicht bezifferbar sein wird, kommt ein Ersatz desselben, wie auch in den sonstigen Fällen fehlender Möglichkeit der Bezifferung, nur bei Schätzbarkeit gemäß § 287 ZPO in Betracht.

4. Haftung für fremdes Verhalten

Die im Rahmen des § 823 BGB aufgezeigte Haftung trifft den Wildplakatierer selbst, sofern er die Wildplakatierungen eigenhändig begeht und damit für sein eigenes Verhalten einstehen muss. Stehen hinter dem Wildplakatierer, der für seine eigenhändig begangenen Wildplakatierungen nach § 823 BGB haftet, jedoch weitere Rechtssubjekte, stellt sich die Frage, ob auch diese „Hintermänner" für die von dem Wildplakatierer begangenen Wildplakatierungen in Form eines Schadensersatzes einstehen müssen. Diese Frage wird zur besseren Veranschaulichung erneut anhand der bereits in der Einleitung aufgezeigten Fallgruppen (Eigen- und Auftragsplakatierung) beantwortet.

a) Haftung im Rahmen von Eigenplakatierungen

Im Rahmen der durch einen Mitarbeiter begangenen Wildplakatierungen könnte das hinter dem Mitarbeiter stehende, für seine Produkte werbende Unternehmen für die Wildplakatierungen des Mitarbeiters einstehen müssen. Eine Haftung des werbenden Unternehmens kommt dabei aufgrund der Anspruchsgrundlagen des § 831 BGB (Haftung für einen Verrichtungsgehilfen) und des § 830 Abs. 2 BGB (Anstiftung) oder aufgrund einer Zurechnung fremden Verhaltens nach § 31 BGB in Betracht.

aa) Haftung auf Schadensersatz nach § 831 BGB

Weist das werbende Unternehmen einen Mitarbeiter an, Plakate anzubringen, kann dies einen Schadensersatzanspruch gegen das werbende Unternehmen nach § 831 BGB zur Folge haben, wenn dem werbenden Unternehmen dabei ein eigenes Verschulden vorgeworfen werden kann. Nach § 831 Abs. 1 S. 1 BGB ist derjenige, der einen anderen zu einer Verrichtung bestellt, zum Ersatz des Schadens verpflichtet, den der andere in Ausführung der Verrichtung einem Dritten widerrechtlich zufügt. Dabei rechnet § 831 BGB dem Geschäftsherrn nicht das Verschulden des Verrichtungsgehilfen zu, sondern vermutet ein eigenes Verschulden des Geschäftsherrn bei Auswahl, Überwachung oder Leitung des Verrichtungsgehilfen.[148]

Der wild plakatierende Mitarbeiter ist als Verrichtungsgehilfe seines Arbeitgebers zu qualifizieren,[149] da er weisungsgebunden im Verantwortungsbereich des Geschäftsherrn tätig wird.[150] Die von dem Mitarbeiter begangenen Wildplakatierungen weisen zudem auch den von § 831 Abs. 1 S. 1 BGB geforderten engen oder unmittelbaren inneren Zusammenhang zu der Tätigkeit auf, mit deren Verrichtung der Mitarbeiter beauftragt wurde.[151] Ein derartiger Zusammenhang ist gegeben, wenn der Mitarbeiter – entgegen der Weisung seines Arbeitgebers – Wildplakatierungen begeht und er dadurch seine Befugnisse unbefugt, gegebenenfalls auch nur irrtümlich, überschreitet.[152]

Eine nach § 831 Abs. 1 S. 2 BGB mögliche Exkulpation des Arbeitgebers durch den Nachweis, dass er bei der Auswahl oder Überwachung des Verrichtungsgehilfen mit der im Verkehr erforderlichen Sorgfalt gehandelt hat oder dass der Schaden auch bei Anwendung dieser Sorgfalt entstanden wäre, wird dem Arbeitgeber nur in Ausnahmefällen gelingen. Eine derartige Exkulpation käme z. B. dann in Betracht, wenn es sich bei dem mit den Plakatierungen beauftragten Mitarbeiter um einen bisher stets zuverlässig arbeitenden Mitarbeiter handelt und trotz stichprobenweiser Überprüfung durch den Arbeitgeber keine Wildplakatierungen aufgetreten sind. In allen anderen Fällen der Weisung zu Plakatierungen unterliegt das werbende Unternehmen einer Haftung nach § 831 BGB.

bb) Zurechnung der Wildplakatierungen von Mitarbeitern nach § 31 BGB

Das werbende Unternehmen könnte sich die Schadensersatz auslösenden Wildplakatierungen des Mitarbeiters auch nach § 31 BGB, der auf § 823 BGB An-

---

148 Jauernig/*Teichmann*, § 831 Rn. 1; Palandt/*Sprau*, § 831 Rn. 1; Samwer, WRP 1999, 67, 70.

149 Vgl. Jauernig/*Teichmann*, § 831 Rn. 6; Münchener Kommentar/*Wagner*, BGB, § 831 Rn. 14; Soergel/*Krause*, § 831 Rn. 20.

150 Vgl. RG, Urt. v. 17.4.1902, RGZ 51, 199, 201; BGH, Urt. v. 30.6.1966, BGHZ 45, 311, 313; BGH, Urt. v. 12.6.1997, WM 1998, 257, 259; Staudinger Kommentar/*Belling/Eberl-Borges*, § 831 Rn. 59.

151 Zum Erfordernis eines engen oder unmittelbaren inneren Zusammenhangs zu der übertragenen Tätigkeit: RG, Urt. v. 3.3.1922, RGZ 104, 141, 145; BGH, Urt. v. 23.2.1955, VersR 1955, 214; BGH, Urt. v. 20.9.1966, VersR 1966, 1074, 1075; BGH, Urt. v. 14.2.1989, NJW-RR 1989, 723, 725; Erman/*Schiemann*, § 831 Rn. 11; Palandt/*Sprau*, § 831 Rn. 9; Staudinger Kommentar/*Belling*, § 831 Rn. 80.

152 Zum Merkmal des Zusammenhangs bei Überschreiten der Befugnis: BGH, Urt. v. 30.10.1967, BGHZ 49, 19, 23; BGH, Urt. v. 23.2.1955, VersR 1955, 214; BGH, Urt. v. 20.9.1966, VersR 1966, 1074, 1075; BGH, Urt. v. 6.10.1970, NJW 1971, 31, 32; Soergel/*Krause*, § 831 Rn. 31.

wendung findet,[153] zurechnen lassen müssen. Die Vorschrift des § 31 BGB bezweckt die Zurechnung des Handelns verfassungsmäßig berufener Vertreter als eigenes Handeln der dahinter stehenden Organisation.[154]

Unabhängig davon, ob es sich bei dem Arbeitgeber des wild plakatierenden Mitarbeiters um einen Verein, eine juristische Person[155] oder eine Personen(handels)gesellschaft[156] handelt, sind die Wildplakatierungen des Mitarbeiters dem werbenden Unternehmen nach § 823 BGB i. V. m. § 31 BGB dann zurechenbar, wenn der wild plakatierende Mitarbeiter ein verfassungsmäßig berufener Vertreter des werbenden Unternehmens ist. Der Begriff des verfassungsmäßig berufenen Vertreters, der von der Rechtsprechung weit ausgelegt wird,[157] erfasst neben den eigentlichen Organen der Organisation über § 30 BGB jeden, der – unabhängig vom Bestehen einer rechtsgeschäftlichen Vollmacht oder einer satzungsmäßigen Berufung – die Organisation repräsentiert und in diesem Rahmen aufgrund der allgemeinen Betriebsregelung mit der eigenständigen, selbstverantwortlichen Wahrnehmung von essenziellen Aufgaben der Organisation betraut wurde.[158] Verfassungsmäßig berufene Vertreter können danach auch leitende Angestellte eines Unternehmens mit selbstständigem Verantwortungsbereich sein,[159] z. B. ein Abteilungsleiter eines größeren Betriebs mit der selbstständigen und eigenverantwortlichen Wahrnehmung von Aufgaben eines bestimmten Fachbereichs.[160] Im Rahmen von Wildplakatierungen wird eine Zurechnung nach §§ 30, 31 BGB nur in den äußerst seltenen Fällen in Betracht kommen, in denen

---

153 BGH, Urt. v. 18.12.1962, NJW 1963, 484, 485; BGH, Urt. v. 24.11.1964, DB 1964, 324; Soergel/*Spickhoff*, § 823 Rn. 149; Münchener Kommentar/*Wagner*, BGB, § 823 Rn. 378; Palandt/*Sprau*, § 823 Rn. 78.

154 Palandt/*Ellenberger*, § 31 Rn. 1; Erman/*Westermann*, § 31 Rn. 1.

155 Vgl. BGH, Urt. v. 8.6.1986, BGHZ 98, 148 151; BGH, Urt. v. 6.5.1993, GRUR 1993, 926, 927; *Brox/Walker*, Allgemeiner Teil BGB, Rn. 746; Münchener Kommentar/*Reuter*, BGB, § 31 Rn. 11; Palandt/*Ellenberger*, § 31 Rn. 3.

156 Zur OHG: RG, Urt. v. 13.2.1911, RGZ 76, 35, 48; zur KG: BGH, Urt. v. 8.2.1952, NJW 1952, 537, 538; BGH, Urt. v. 27.4.1962, VersR 1962, 664, 665; OLG Hamburg, Urt. v. 6.5.1988, ZIP 1988, 1551, 1554; zur GbR: BGH, Urt. v. 24.2.2003, NJW 2003, 1445, 1446; BGH, Urt. v. 24.6.2003, NJW 2003, 2984, 2985; Münchener Kommentar/*Wagner*, BGB, § 823 Rn. 378.

157 BGH, Urt. v. 27.4.1962, VersR 1962, 664, 665; BGH, Urt. v. 30.10.1967, BGHZ 49, 19, 21; Palandt/*Ellenberger*, § 31 Rn. 6.

158 BGH, Urt. v. 30.10.1967, BGHZ 49, 19, 21; BGH, Urt. v. 21.9.1971, NJW 1972, 334; BGH, Urt. v. 5.3.1998, NJW 1998, 1854, 1856; *Brox/Walker*, Allgemeiner Teil BGB, Rn. 747; *Larenz/Wolf*, Allgemeiner Teil BGB, § 10 Rn. 88.

159 BGH, Urt. v. 27.4.1962, VersR 1962, 664, 665; BGH, Urt. v. 12.7.1977, NJW 1977, 2259, 2260; OLG Frankfurt/M, Urt. v. 16.9.1996, ZIP 1996, 1824, 1825; Münchener Kommentar/*Reuter*, BGB, § 31 Rn. 20; Palandt/*Ellenberger*, § 31 Rn. 6; RGRK/*Steffen*, § 31 Rn. 3; Soergel/*Hadding*, § 31 Rn. 10.

160 BGH, Urt. v. 27.4.1962, VersR 1962, 664, 665.

ein leitender Angestellter der Marketingabteilung die ihm unterstellten Mitarbeiter zu Wildplakatierungen anweist und dadurch eine zum Schadensersatz verpflichtende Handlung begeht. Steht diese Anweisung in einem objektiven, sachlichen Zusammenhang zu dem Aufgabenkreis des leitenden Angestellten, muss sich das hinter dem leitenden Angestellten stehende Unternehmen diese Handlung gemäß §§ 30, 31 BGB zurechnen lassen.[161] Dabei ist grundsätzlich nicht maßgebend, ob der verfassungsmäßig berufene Vertreter seinen Auftrag oder seine Vertretungsmacht überschreitet, sondern vielmehr, ob er sich in dem ihm zugewiesenen Wirkungskreis bewegt.[162]

cc) Haftung des werbenden Unternehmens als Anstifter

In den selten vorkommenden Fällen, in denen das werbende Unternehmen seine Mitarbeiter anweist, Wildplakatierungen zu begehen, kann schließlich eine Haftung des werbenden Unternehmens aufgrund Anstiftung nach § 830 Abs. 2 BGB in Betracht kommen. Eine Weisung zu Wildplakatierungen bestimmt den angewiesenen Mitarbeiter insofern, als sie bei diesem den Tatentschluss zur Begehung von Wildplakatierungen hervorruft.[163] Dies gilt auch dann, wenn der Mitarbeiter von dem werbenden Unternehmen zwar zur Begehung von Wildplakatierungen angewiesen wurde, dieser in der konkreten Ausführung aber von den Vorgaben (z. B. in zeitlicher oder örtlicher Hinsicht) abweicht, soweit die begangenen Wildplakatierungen denen, die sich das werbende Unternehmen vorgestellt hat, vergleichbar sind.[164] Da bei Weisungen zu Wildplakatierungen regelmäßig auch der für eine Anstiftung erforderliche doppelte Vorsatz (zum einen bezogen auf das Bestimmen zur Tat, zum anderen bezogen auf die bestimmte Tat) bejaht werden kann, ist eine Haftung des werbenden Unternehmens als Anstifter in diesen Fällen gegeben.

---

161 Vgl. RG, Urt. v. 11.4.1922, RGZ 104, 286; 288 f.; RG, Urt. v. 14.3.1939, RGZ 162, 129, 169; BGH, Urt. v. 30.10.1967, BGHZ 49, 19, 23; BGH, Urt. v. 8.7.1986, BGHZ 98, 148, 152; Jauernig/*Jauernig*, § 31 Rn. 5; Soergel/*Hadding*, § 31 Rn. 21; Staudinger Kommentar/*Weick*, § 31 Rn. 39.

162 RG, Urt. v. 14.3.1939, RGZ 162, 129, 169; BGH, Urt. v. 8.2.1952, NJW 1952, 537, 538; BGH, Urt. v. 30.10.1967, BGHZ 49, 19, 23; BGH, Urt. v. 20.2.1979, NJW 1980, 115; BGH, Urt. v. 8.7.1986, BGHZ 98, 148, 151; BGH, Urt. v. 13.1.1987, BGHZ 99, 298, 300; OLG Hamburg, Beschl. v. 31.1.2002, NZG 2002, 873; *Larenz/Wolf*, Allgemeiner Teil BGB, § 10 Rn. 90; Palandt/*Ellenberger*, § 31 Rn. 10; Soergel/*Hadding*, § 31 Rn. 25.

163 Zum Merkmal des Bestimmens: Soergel/*Krause*, § 830 Rn. 8; Staudinger Kommentar/*Eberl-Borges*, § 830 Rn. 29.

164 Vgl. RGRK/*Steffen*, § 830 Rn. 13.

b) Haftung im Rahmen von Auftragsplakatierungen

Auch im Rahmen der Auftragsplakatierungen stellt sich die Frage, inwiefern das werbende Unternehmen für fremdes Verhalten einzustehen hat. Im Gegensatz zu den Eigenplakatierungen behandeln die Auftragsplakatierungen die Fälle, in denen das werbende Unternehmen selbstständige Werbeagenturen oder Plakatierunternehmen zur Vornahme von Plakatierungen einschaltet. Aufgrund der Selbstständigkeit und der damit fehlenden Abhängigkeit dieser eingeschalteten Unternehmen vom Geschäftsherrn scheitert im Rahmen der Auftragsplakatierungen eine Haftung nach § 831 BGB von vornherein aus.[165] Auch die im Rahmen der Eigenplakatierung behandelte Haftung nach § 31 BGB ist im Rahmen der Auftragsplakatierung abzulehnen, da die für die Wildplakatierungen eingeschalteten selbstständigen Unternehmen keine verfassungsmäßig berufenen Vertreter des werbenden Unternehmens darstellen.

Eine Haftung des werbenden Unternehmens als Anstifter kommt nur dann in Betracht, wenn das werbende Unternehmen für die Begehung von Wildplakatierungen ein externes Unternehmen einschaltet. Eine Anstiftung scheidet hingegen dann aus, wenn das werbende Unternehmen das eingeschaltete Unternehmen nicht mit der Vornahme der von diesem begangenen Wildplakatierungen, sondern nur mit der Vornahme ordnungsgemäßer Plakatierungen beauftragt hat, da diese Wildplakatierungen vom Vorsatz des werbenden Unternehmens nicht mehr gedeckt sind.[166] In diesem Fall kann das werbende Unternehmen jedoch einem Auskunftsanspruch ausgesetzt sein, wenn der Geschädigte mangels Kenntnis der Identität des Wildplakatierers gegen diesen nicht direkt vorgehen, das werbende Unternehmen über die Identität des Wildplakatierers aber unschwer Auskunft geben kann. Ein derartiger Auskunftsanspruch wird in den folgenden Ausführungen dieser Abhandlung noch eingehender untersucht.[167]

---

165 Vgl. RG, Urt. v. 2.5.1912, RGZ 79, 312, 315; BGH, Urt. v. 12.12.1957, BGHZ 26, 152, 159; BGH, Urt. v. 8.1.1981, BGHZ 80, 1, 3 f.; BGH, Urt. v. 21.6.1994, NJW 1994, 2756, 2757; OLG Brandenburg, Urt. v. 20.6.2001, VersR 2003, 215, 216; OLG Nürnberg, Urt. v. 17.12.2003, NJW-RR 2004, 1254, 1255; Münchener Kommentar/*Wagner*, BGB, § 831 Rn. 16.

166 Vgl. dazu BGH, Urt. v. 29.10.1974, BGHZ 63, 124, 128; BGH, Urt. v. 24.1.1984, BGHZ 89, 383, 396; BGH, Urt. v. 28.1.1992, NJW 1992, 1381, 1382; Soergel/*Krause*, § 830 Rn. 8; Münchener Kommentar/*Wagner*, BGB, § 830 Rn. 20; Erman/*Schiemann*, § 830 Rn. 3; Palandt/*Sprau*, § 830 Rn. 4.

167 Siehe S. 61 ff. dieser Abhandlung.

IV. Herausgabeanspruch aus ungerechtfertigter Bereicherung

Eine weitere gesetzliche Haftungsgrundlage stellt der Herausgabeanspruch aus ungerechtfertigter Bereicherung nach § 812 BGB dar, der bei Wildplakatierungen in Frage kommt, durch die eine Fläche unbefugt in Gebrauch genommen wird. Eine Leistungskondiktion gemäß § 812 Abs. 1 S. 1 1. Alt. BGB scheidet im Hinblick auf Wildplakatierungen mangels ersichtlicher Leistung an den Wildplakatierer bzw. Erlaubnis durch den Eigentümer der Fläche zur Vornahme von Plakatierungen von vornherein aus. In Betracht kommt daher nur eine Eingriffskondiktion nach § 812 Abs. 1 S. 1 2. Alt. BGB.

1. Anspruchsvoraussetzungen der Eingriffskondiktion

Eine Eingriffskondiktion ist gegeben, wenn etwas in sonstiger Weise auf Kosten eines anderen ohne rechtlichen Grund erlangt wurde.

a) Durch die Wildplakatierungen erlangtes Etwas

Der Wildplakatierer muss durch die Wildplakatierung zunächst etwas erlangt haben. Das bedeutet, er muss einen Vorteil erlangt haben, indem er in den Gehalt eines Rechts eingegriffen hat, den die Rechtsordnung dem Inhaber eines solchen Rechts zugewiesen hat.[168] Dabei kann der erlangte Vorteil auch in dem Gebrauch einer Sache oder eines Rechts zu sehen sein.[169] Der durch die Wildplakatierungen erlangte Vorteil des Wildplakatierers liegt in dem unbefugten Gebrauch der Fläche, um darauf seine Plakate oder Aufkleber anbringen zu können. Durch diese unbefugte Nutzung greift der Wildplakatierer in den Zuweisungsgehalt des Eigentums ein, da dem Eigentümer kraft seiner Eigentümerstellung die Entscheidung darüber zusteht, ob bzw. von wem die Fläche zum Anbringen von Plakaten und Aufklebern benutzt werden darf.

---

168 BGH, Urt. v. 24.11.1981, BGHZ 82, 299, 306; BGH, Urt. v. 30.1.1987, BGHZ 99, 385, 387; *Fikentscher/Heinemann*, Schuldrecht, Rn. 1467; Erman/*Buck-Heeb*, § 812 Rn. 65; Bamberger/Roth/*Wendehorst*, § 812 Rn. 131.

169 Vgl. *Kleinheyer*, JZ 1961, 473, 474; *Gursky*, JR 1972, 279, 281; *Gursky*, JR 1998, 7, 10; Staudinger Kommentar/*Lorenz*, § 812 Rn. 72; Soergel/*Schmidt-Kessel/Hadding*, § 812 Rn. 41; Erman/*Buck-Heeb*, § 812 Rn. 9; Münchener Kommentar/*Schwab*, BGB, § 812 Rn. 16; vgl. dazu auch BGH, Urt. v. 18.12.1986, BGHZ 99, 244, 248.

b) Erlangen in sonstiger Weise auf Kosten des Berechtigten ohne Rechtsgrund

Auch die restlichen Voraussetzungen des Herausgabeanspruchs nach § 812 Abs. 1 S. 1 2. Alt. BGB, also das Erlangen in sonstiger Weise auf Kosten des Berechtigten ohne Rechtsgrund, liegen vor. Das Merkmal „in sonstiger Weise" ist bereits bejaht worden, indem zu Beginn der Ausführungen zum Herausgabeanspruch die Erlangung durch eine Leistung verneint wurde.[170] Da bei Wildplakatierungen zwischen der Erlangung des Gebrauchsvorteils und dem Eingriff in den Zuweisungsgehalt des Eigentums zudem ein unmittelbarer Zusammenhang besteht, wird der Gebrauchsvorteil auch auf Kosten des Berechtigten erlangt.[171] Schließlich ist es gerade Wildplakatierungen eigen, dass sie ohne rechtliche Grundlage (z. B. ohne einen über die plakatierte Fläche geschlossenen Mietvertrag) vorgenommen werden.

2. Rechtsfolge

Somit ist der Wildplakatierer nach § 812 Abs. 1 S. 1 2. Alt. BGB zur Herausgabe der erlangten Etwas verpflichtet. Da die Herausgabe von Gebrauchsvorteilen nach § 818 Abs. 1 BGB nicht möglich ist, muss der Wildplakatierer Wertersatz nach § 818 Abs. 2 BGB leisten. In diesem Zusammenhang ist der objektive Verkehrswert zu ersetzen.[172] Mit Blick auf die Wildplakatierungen handelt es sich dabei um den Betrag, den ein Dritter am Markt für das Erlangte zu zahlen bereit wäre,[173] also der für den Gebrauch der plakatierten Fläche zu zahlende und durch die Wildplakatierungen ersparte Mietzins.

C. Auskunftsanspruch des Geschädigten

Dem Wildplakatierer wird es in der Regel unschwer möglich sein, die vorbehandelten Ansprüche gegen das mit den Plakaten werbende Unternehmen geltend zu

---

170 Zum Merkmal „in sonstiger Weise": *Fikentscher/Heinemann*, Schuldrecht, Rn. 1468; Staudinger Kommentar/*Lorenz*, § 812 Rn. 23; Palandt/*Sprau*, § 812 Rn. 36.

171 Zum Merkmal der Erlangung auf Kosten des Berechtigten: *Larenz/Canaris*, Schuldrecht BT, § 67 II 2.b); Bamberger/Roth/*Wendehorst*, § 812 Rn. 133; Palandt/*Sprau*, § 812 Rn. 43.

172 BGH, Urt. v. 24.11.1981, BGHZ 82, 299, 307; BGH, Urt. v. 8.10.1990, BGHZ 112, 288, 295; BGH, Urt. v. 21.3.1996, BGHZ 132, 198, 207; BGH, Urt. 5.7.2006, NJW 2006, 2847, 2852; Palandt/*Sprau*, § 818 Rn. 19; Münchener Kommentar/*Schwab*, BGB, § 818 Rn. 76; Staudinger Kommentar/*Lorenz*, § 818 Rn. 26; Bamberger/Roth/*Wendehorst*, § 818 Rn. 27.

173 Vgl. BGH, Urt. 5.7.2006, NJW 2006, 2847, 2852; Palandt/*Sprau*, § 818 Rn. 19; Bamberger/Roth/*Wendehorst*, § 818 Rn. 27.

machen. Die Identität des werbenden Unternehmens ergibt sich entweder aus dem Inhalt der Plakate bzw. Aufkleber oder der Geschädigte kann die Identität z. B. im Falle einer Werbung für eine Veranstaltung an dem auf den Plakaten angegebenen Veranstaltungsort ausfindig machen. Problematisch wird es hingegen in den Fällen, in denen werbendes Unternehmen und Plakatierer auseinanderfallen (z. B. in den Fällen der Auftragsplakatierung) und der Geschädigte nicht nur gegen das werbende Unternehmen, sondern auch gegen den tatsächlichen Plakatierer vorgehen möchte. Dem Inhalt der wild angebrachten Plakate lässt sich die Identität des Wildplakatierers in diesen Fällen nicht entnehmen, was für den Geschädigten zur Folge hätte, dass dieser nur gegen das werbende Unternehmen, nicht gegen den tatsächlichen Plakatierer vorgehen könnte.

Darüber hinaus können dem Geschädigten im Einzelfall Informationen fehlen, die er zur Begründung seines Anspruchs benötigt, z. B. Informationen über Umstände, die eine Wiederholungsgefahr i. S. d. § 1004 BGB oder die Erheblichkeit der Beeinträchtigung des bestimmungsgemäßen Gebrauchs im Rahmen des § 823 BGB begründen. Denkbar sind auch Informationslücken im Zusammenhang mit der Konkretisierung der Rechtsfolge, wenn z. B. eine Werbeflächenagentur, die von der Stadt mit der umfassenden Betreuung und Verwaltung aller im Stadtgebiet befindlichen, dieser gehörenden Werbeflächen beauftragt ist, wissen möchte, ob ihr über die bekannte Wildplakatierung hinaus ein Beseitigungsanspruch auch hinsichtlich weiterer, auf von ihr betreuten Flächen begangener Wildplakatierungen zusteht.

Die einzige Möglichkeit, derartige Informationslücken des Geschädigten zu schließen, ist in der Geltendmachung eines Auskunftsanspruchs zu sehen, mit dem Auskunft über die fehlende Information verlangt wird. Dabei ist zwischen einem primären Auskunftsanspruch und einem Auskunftsanspruch als Hilfsanspruch zur Durchsetzung des Hauptanspruchs zu unterscheiden.[174]

I. Auskunftsanspruch als Teil des Schadensersatzanspruchs

Soll die Auskunft die Geltendmachung eines Schadensersatzanspruchs gegenüber dem Wildplakatierer ermöglichen, könnte sich ein Auskunftsanspruch unmittelbar aus § 249 BGB ergeben. Die Auskunft ist dann Teil des Schadensersatzes, wenn sie der Wiederherstellung des früheren, durch die schädigende Handlung beeinträchtigten Zustands dient.[175] Ein auf § 249 BGB zurückzuführender

---

174 *Storch*, GRUR 1974, 352.
175 RG, Urt. v. 11.10.1935, RGZ 148, 364, 374 f.; BGH, Urt. v. 10.1.1964, GRUR 1964, 320, 323; BGH, Urt. v. 21.12.1973, LM § 249 (Fb) Nr. 7; Münchener Kommentar/*Krüger*, BGB, § 260 Rn. 36.

Auskunftsanspruch ist im Hinblick auf die Wildplakatierungen jedoch abzulehnen. In den im Zusammenhang mit den Wildplakatierungen beschriebenen Fällen mangelnder Informationen handelt es sich um Informationen, die erst der Feststellung desjenigen, der diesem Anspruch ausgesetzt ist, bzw. dem Entstehen eines Schadensersatzanspruchs mit der Rechtsfolge der Naturalrestitution oder des Geldersatzes dient. Die angefragte Information stellt hingegen noch keinen Teil des geschuldeten Schadensersatzes dar, indem sie zu einer Wiederherstellung des früheren Zustands führt.

II. Auskunftsanspruch aus § 242 BGB

Ein Auskunftsanspruch kann sich weiterhin als Hilfsanspruch aus dem Grundsatz von Treu und Glauben gemäß § 242 BGB i. V. m. einer Sonderrechtsbeziehung zwischen den Parteien ergeben.[176] In diesem Zusammenhang stellt sich zunächst die Frage, ob ein derartiger Auskunftsanspruch auf die bisher im Rahmen der Wildplakatierungen behandelten Anspruchsgrundlagen überhaupt anwendbar wäre.

1. Anwendungsbereich des § 242 BGB

Der Grundsatz von Treu und Glauben nach § 242 BGB und der damit einhergehende Auskunftsanspruch findet schon aufgrund seiner systematischen Stellung im BGB und seines Wortlauts auf das gesamte Schuldrecht Anwendung.[177] Umfasst von dem Anwendungsbereich des § 242 BGB sind somit sowohl die in den vorangegangenen Ausführungen behandelten vertraglichen Ansprüche aus Mietvertrag[178], Dienstvertrag mit geschäftsbesorgungsrechtlichen Elementen[179] und Werkvertrag als auch die gesetzlichen Ansprüche aus Deliktsrecht (§ 823 BGB (ggf. i. V. m. § 830 Abs. 2 BGB) und § 831 BGB)[180] sowie das Bereicherungs-

---

176 RG, Urt. v. 4.5.1923, RGZ 108, 1, 7; BGH, Urt. v. 4.6.1981, BGHZ 81, 21, 24; BGH, Urt. v. 10.5.1984, BGHZ 91, 154, 171; BGH, Urt. v. 26.2.1986, BGHZ 97, 188, 192; BGH, Urt. v. 17.5.1994, BGHZ 126, 109, 113; BGH, Urt. v. 16.4.2002, BB 2002, 1490, 1492; BGH, Urt. v. 9.2.2005, NJW 2005, 1492, 1493; Staudinger Kommentar/*Looschelders*/*Olzen*, § 242 Rn. 603; Soergel/*Teichmann*, § 242 Rn. 190 u. Rn. 198; Bamberger/Roth/*Unberath*, § 260 Rn. 9.

177 Prütting/Wegen/Weinreich/*Schmidt-Kessel*, § 242 Rn. 5; Jauernig/*Mansel*, § 242 Rn. 11; Bamberger/Roth/*Sutschet*, § 242 Rn. 4; Münchener Kommentar/*Roth*/*Schubert*, BGB, § 242 Rn. 92 f.; Erman/*Hohloch*, § 242 Rn. 43.

178 Vgl. Münchener Kommentar/*Roth*/*Schubert*, BGB, § 242 Rn. 93.

179 Zum Geltungsbereich bei fremdnützigen Betätigungen, z. B. Geschäftsbesorgungen: Staudinger Kommentar/*Looschelders*/*Olzen*, § 242 Rn. 129.

180 Vgl. Soergel/*Teichmann*, § 242 Rn. 33.

recht (Eingriffskondiktion nach § 812 Abs. 1 S. 1 2. Alt BGB).[181] Darüber hinaus ist § 242 BGB auch auf sachenrechtliche Vorschriften, wie die bereits angesprochenen Vorschriften des § 985 BGB, § 861 BGB, § 1004 BGB und § 862 BGB, anwendbar.[182]

2. Die Voraussetzungen eines Auskunftsanspruchs aus § 242 BGB

Abhängig davon, über welche Informationen Auskunft verlangt wird und gegen wen sich der Auskunftsanspruch richtet, sind zwei Arten von Auskunftsansprüchen nach § 242 BGB zu unterscheiden, ein Auskunftsanspruch gegen den Anspruchsgegner des Hauptanspruchs selbst[183] betreffend fehlende Informationen zu dem Hauptanspruch und ein Auskunftsanspruch gegenüber einem Dritten, vorliegend dem mit Plakaten werbenden Unternehmen, um mit Hilfe von dessen Auskunft über die Identität des tatsächlichen Wildplakatierer die Durchsetzung eines Anspruchs gegen Letztgenannten zu ermöglichen.[184]

a) Sonderrechtsbeziehung zwischen Geschädigtem und Auskunftsschuldner

Grundlegende Voraussetzung eines auf § 242 BGB basierenden Auskunftsanspruchs ist in beiden Fällen das Bestehen einer vertraglichen oder gesetzlichen Sonderrechtsbeziehung zwischen dem Auskunftssuchenden und demjenigen, der Auskunft geben soll.[185] Während im Falle eines Auskunftsanspruchs gegen den Anspruchsgegner des Hauptanspruchs selbst eine Sonderrechtsbeziehung zwischen dem Geschädigten und diesem Anspruchsgegner bestehen muss, ist eine solche Beziehung im Falle eines Auskunftsanspruchs gegenüber einem Dritten, vorliegend dem werbenden Unternehmen, zwischen dem Geschädigten und diesem werbenden Unternehmen erforderlich.

Im Falle eines Auskunftsanspruchs gegen den Anspruchsgegner des Hauptanspruchs selbst kommen als Sonderrechtsbeziehungen die in den vorangegange-

---

181 Vgl. Bamberger/Roth/*Sutschet*, § 242 Rn. 4; Soergel/*Teichmann*, § 242 Rn. 33.

182 Vgl. *Larenz*, Schuldrecht AT, S. 127; *Looschelders*, Schuldrecht AT, Rn. 60; Soergel/*Teichmann*, § 242 Rn. 31; Jauernig/*Mansel*, § 242 Rn. 11; Bamberger/Roth/*Sutschet*, § 242 Rn. 5.

183 Vgl. BGH, Urt. v. 7.6.1971, BGHZ 56, 256, 262; *Stürner*, JZ 1976, 320; Soergel/*Teichmann*, § 242 Rn. 197.

184 Vgl. *Stürner*, JZ 1976, 320; Soergel/*Teichmann*, § 242 Rn. 198.

185 BGH, Urt. v. 18.1.1978, NJW 1978, 1002; BGH, Urt. v. 5.6.1985, BGHZ 95, 274, 279; BGH, Urt. v. 13.6.1985, BGHZ 95, 285, 288; BGH, Urt. v. 8.1.1986, NJW-RR 1986, 874, 876; BGH, Urt. v. 17.5.1994, BGHZ 126, 109, 113; *Stürner*, JZ 1976, 320; Erman/*Ebert*, § 260 Rn. 3; Münchener Kommentar/*Krüger*, BGB, § 260 Rn. 13; Palandt/*Grüneberg*, § 260 Rn. 5; Bamberger/Roth/*Unberath*, § 260 Rn. 10 f.

nen Ausführungen dargestellten Ansprüche aus Vertrag (Mietvertrag, Dienstvertrag oder Werkvertrag), Sachenrecht (§§ 985, 861 Abs. 1, 1004 Abs. 1 und 862 Abs. 1 BGB), Deliktsrecht (§ 823 Abs. 1 und § 823 Abs. 2 BGB i.V.m. § 303 StGB) oder Bereicherungsrecht (§ 812 Abs. 1 S. 1 2. Alt. BGB) in Betracht.[186] Im Falle eines Auskunftsanspruchs gegenüber einem Dritten, vorliegend dem sich von dem Wildplakatierer unterscheidenden werbenden Unternehmen, kann sich eine Sonderrechtsbeziehung – entsprechend der vorangegangenen Ausführungen – aus einer vertraglichen Beziehung zwischen Geschädigtem und werbendem Unternehmen (Mietvertrag i. V. m. § 278 BGB), Sachenrecht (§§ 985 und 861 Abs. 1 BGB im Zusammenhang mit einer Haftung als mittelbarem Besitzer, §§ 1004 Abs. 1 und 862 Abs. 1 BGB im Zusammenhang mit einer Haftung des werbenden Unternehmens als mittelbarem Störer oder Zustandsstörer) sowie Deliktsrecht (§ 831 BGB oder § 823 Abs. 1 BGB bzw. § 823 Abs. 2 BGB i. V. m. § 303 StGB im Zusammenhang mit einer Haftung aus § 31 BGB oder § 830 Abs. 2 BGB) ergeben.[187]

b) Realisierungsgrad des Hauptanspruchs als Voraussetzung des Auskunftsanspruchs

Die Möglichkeit, einen Auskunftsanspruch aus § 242 BGB im Hinblick auf die aufgezeigten Informationslücken geltend machen zu können, erfordert das Bestehen eines Hauptanspruchs, dessen Durchsetzung der Auskunftsanspruch dienen soll,[188] sowie einen bestimmten, bereits eingetretenen Realisierungsgrad dieses Hauptanspruchs. Die Frage nach dem Vorliegen eines Hauptanspruchs kann in den Fällen der Auskunftsansprüche gegen den Anspruchsgegner selbst des

186 Zu vertraglichen Ansprüchen: BGH, Urt. v. 8.1.1986, NJW-RR 1986, 874, 876; BGH, Urt. v. 28.1.1958, LM § 242 (Be) Nr. 5; zu deliktischen Ansprüchen BGH, Urt. v. 5.6.1985, BGHZ 95, 274, 279; BGH, Urt. v. 13.6.1985, BGHZ 95, 285, 288; BGH, Urt. 6.2.1962, NJW 1962, 731; OLG Oldenburg, Beschl. v. 28.3.1985, WM 1985, 748; Erman/*Ebert*, § 260 Rn. 3; Bamberger/Roth/*Unberath*, § 260 Rn. 10; Münchener Kommentar/*Krüger*, BGB, § 260 Rn. 13; zu Bereicherungsrecht: Erman/*Ebert*, § 260 Rn. 3; zu Sachenrecht: Münchener Kommentar/*Krüger*, BGB, § 260 Rn. 13; Bamberger/Roth/*Unberath*, § 260 Rn. 10.
187 Zu vertraglichen Ansprüchen: BGH, Urt. v. 8.1.1986, NJW-RR 1986, 874, 876; BGH, Urt. v. 28.1.1958, LM § 242 (Be) Nr. 5; zu deliktischen Ansprüchen BGH, Urt. v. 5.6.1985, BGHZ 95, 274, 279; BGH, Urt. v. 13.6.1985, BGHZ 95, 285, 288; BGH, Urt. 6.2.1962, NJW 1962, 731; OLG Oldenburg, Beschl. v. 28.3.1985, WM 1985, 748; Erman/*Ebert*, § 260 Rn. 3; Bamberger/Roth/*Unberath*, § 260 Rn. 10; Münchener Kommentar/*Krüger*, BGB, § 260 Rn. 13; zu Sachenrecht: Münchener Kommentar/*Krüger*, BGB, § 260 Rn. 13; Bamberger/Roth/*Unberath*, § 260 Rn. 10.
188 Zum Erfordernis eines Hauptanspruchs: Münchener Kommentar/*Krüger*, BGB, § 260 Rn. 15; Staudinger Kommentar/*Looschelders/Olzen*, § 242 Rn. 601.

Hauptanspruchs mit einer Bezugnahme auf die Sonderrechtsbeziehung beantwortet werden, da sich der Hauptanspruch in diesen Fällen mit der bereits festgestellten Sonderrechtsbeziehung deckt.[189] Im Gegensatz dazu muss der Hauptanspruch im Falle eines Auskunftsanspruchs gegen das werbende Unternehmen als Drittem nicht gegen das auf Auskunft in Anspruch genommene werbende Unternehmen, sondern gegen den im Wege des Auskunftsanspruchs ermittelten Wildplakatierer gerichtet sein.[190] Wie die vorangegangenen Ausführungen bereits gezeigt haben, ist der eigentliche Wildplakatierer regelmäßig vertraglichen oder gesetzlichen Schadensersatz-, Herausgabe-, Beseitigungs- oder Unterlassungsansprüchen ausgesetzt. Daher kann auch in diesen Fällen von dem Bestehen eines Hauptanspruchs ausgegangen werden.

Entscheidend für die Möglichkeit, einen Auskunftsanspruch aus § 242 BGB geltend machen zu können, ist jedoch der bereits eingetretene Realisierungsgrad dieses Hauptanspruchs. Während ein gesetzlicher Hauptanspruch dem Grunde nach bestehen muss, grundsätzlich also sämtliche anspruchsbegründenden Merkmale vorliegen müssen,[191] genügt bei vertraglichen Hauptansprüchen schon der begründete Verdacht, also die überwiegende Wahrscheinlichkeit einer Vertragsverletzung.[192] Sofern die im Rahmen der Wildplakatierungen denkbaren Informationslücken anspruchsbegründende Merkmale (z. B. fehlende Kenntnis über Umstände, die eine Wiederholungsgefahr i. S. d. § 1004 BGB oder die Erheblichkeit der Beeinträchtigung des bestimmungsgemäßen Gebrauchs im Rahmen des § 823 BGB begründen) gesetzlicher Ansprüche betreffen, besteht der gesetzliche Hauptanspruch mangels dieser Informationen dem Grunde nach noch nicht. Der Auskunftsanspruch aus § 242 BGB kann für die Erlangung dieser Informationen somit grundsätzlich nicht herangezogen werden. Auch bei gesetzlichen Hauptansprüchen soll jedoch eine hohe Wahrscheinlichkeit ausreichend sein, wenn von der bekannten Rechtsgutsverletzung auf weitere begangene

---

189 Vgl. Soergel/*Teichmann*, § 242 Rn. 197.

190 Vgl. *Stürner*, JZ 1976, 320; Soergel/*Teichmann*, § 242 Rn. 198.

191 Vgl. BGH, Urt. v. 18.1.1978, NJW 1978, 1002; BGH, Urt. v. 6.6.1979, BGHZ 74, 379, 381; BGH, Urt. v. 7.12.1988, NJW-RR 1989, 450; OLG Düsseldorf, Urt. v. 13.12.2006, BB 2007, 738, 739; OLG Stuttgart, Urt. v. 27.9.2006, ZIP 2007, 275, 276; Palandt/*Grüneberg*, § 260 Rn. 6; Bamberger/Roth/*Unberath*, § 260 Rn. 13; Münchener Kommentar/*Krüger*, BGB, § 260 Rn. 15; Staudinger Kommentar/*Looschelders/Olzen*, § 242 Rn. 601.

192 Vgl. BAG, Urt. v. 12.5.1972, DB 1972, 1831, 1832; BGH, Urt. v. 17.7.2002, NJW 2002, 3771; OLG Stuttgart, Urt. v. 27.9.2006, ZIP 2007, 275, 276; Palandt/*Grüneberg*, § 260 Rn. 6; Bamberger/Roth/*Unberath*, § 260 Rn. 12; Münchener Kommentar/*Krüger*, BGB, § 260 Rn. 16; Staudinger Kommentar/*Looschelders/Olzen*, § 242 Rn. 601.

Rechtsgutsverletzungen zu schließen ist.[193] Denkbar wäre dies bei Wildplakatierungen z. B. in dem Fall, in dem eine Werbeflächenagentur wissen möchte, ob der Wildplakatierer zusätzlich zu der ihr bekannten Wildplakatierung auf weiteren von ihr betreuten Werbeflächen Wildplakatierungen begangen hat. Inwieweit der erforderliche Realisierungsgrad des Hauptanspruchs in einer solchen Fallkonstellation gegeben ist, kann nur anhand einer Würdigung der Umstände des Einzelfalls festgestellt werden. Dabei ist jedoch zu beachten, dass die Auskunftspflicht nicht dazu dienen darf, dem Wildplakatierer die Beweislast für die anspruchsbegründenden Merkmale aufzubürden.[194]

Wird Auskunft über die Identität des tatsächlichen Wildplakatierers verlangt, ist der Hauptanspruch gegen den tatsächlichen Wildplakatierer dem Grunde nach gegeben und kann nur aufgrund der fehlenden Kenntnis über die Identität der Person, gegen die sich der Anspruch richtet, nicht geltend gemacht werden. Aufgrund hinreichenden Realisierungsgrades des Hauptanspruchs kann diese Information mittels Auskunftsanspruch aus § 242 BGB eingefordert werden.

c) Weitere Voraussetzungen des Auskunftsanspruchs

Zusätzlich zu Sonderbeziehung und einem bestimmten Realisierungsgrad des Hauptanspruchs erfordert ein Auskunftsanspruch nach § 242 BGB, dass der Auskunftsuchende in entschuldbarer Weise nicht über Informationen zur Durchsetzung seines Rechts verfügt, es ihm nicht zumutbar ist, sich diese selbst zu besorgen, und der Auskunftspflichtige die betreffenden Informationen unschwer geben kann.[195]

Der Auskunftssuchende hat in den Fällen fehlender Kenntnis über die Identität des tatsächlichen Wildplakatierers keine zumutbare Möglichkeit, die Identität selbst ausfindig zu machen. Im Gegensatz dazu bereitet es dem für seine Produkte bzw. Veranstaltungen werbenden Unternehmen keine Schwierigkeiten, die Identität des Plakatierers preiszugeben. Im Hinblick auf andere Informations-

---

193 RG, Urt. v. 6.4.1932, RGZ 140, 403, 404; RG, Urt. v. 19.11.1938, RGZ 158, 377, 380; BGH, Urt. v. 6.2.1962, NJW 1962, 731; BGH, Urt. v. 5.6.1985, NJW 1986, 1244, 1245; Bamberger/Roth/*Unberath*, § 260 Rn. 13; Palandt/*Grüneberg*, § 260 Rn. 6.

194 Vgl. BGH, Urt. v. 8.7.1980, NJW 1980, 2801, 2807.

195 RG, Urt. v. 4.5.1923, RGZ 108, 1, 7; BGH, Urt. v. 18.1.1978, NJW 1978, 1002; BGH, Urt. v. 28.10.1953, BGHZ 10, 385, 387; BGH, Urt. v. 4.6.1981, BGHZ 81, 21, 24; BGH, Urt. v. 5.6.1985, BGHZ 95, 274, 278 f.; BGH, Urt. v. 17.5.1994, NJW 1995, 386, 387; BGH, Urt. v. 13.12.2001, NJW 2002, 2475, 2476; BGH, Urt. v. 7.5.2003, NJW 2003, 3624, 3625; BGH, Urt. v. 17.5.1994, BGHZ 126, 109, 113; *Stürner*, JZ 1976, 320; Münchener Kommentar/*Krüger*, BGB, § 260 Rn. 18 u. Rn. 20; Bamberger/Roth/*Unberath*, § 260 Rn. 9; Staudinger Kommentar/*Looschelders/Olzen*, § 242 Rn. 601.

lücken sind diese Voraussetzungen – abhängig von der im Einzelfall geforderten Information – jeweils gesondert festzustellen.

§ 3 Ergebnis

Als Ergebnis der Prüfung der Haftung des Wildplakatierers nach BGB kann somit Folgendes festgehalten werden:

Aus vertraglicher Sicht können Wildplakatierungen Beseitigungs-, Unterlassungs- und Schadensersatzansprüche auslösen, indem sie gegen den zugrunde liegenden Miet-, Werk- oder Dienstvertrag verstoßen. Dabei tritt der Verstoß regelmäßig als absprachewidriges Handeln auf, sei es in Form eines vertragswidrigen Gebrauchs des Mietobjekts oder in Form einer absprachewidrigen Ausführung der Vertragspflicht.

Unabhängig von der vertraglichen Haftung können Wildplakatierungen auch gesetzlich normierte Herausgabe-, Beseitigungs-, Unterlassungs-, Schadensersatz- und Bereicherungsansprüche zur Folge haben. Diese Ansprüche sind entweder auf eine Verletzung des Eigentums oder Besitzes an der plakatierten Fläche oder dem überklebten Plakat oder auf den unbefugten Gebrauch der Fläche zurückzuführen.

Abhängig von der Fallkonstellation kommen unterschiedliche Haftungssubjekte in Betracht. Diese reichen von Privatpersonen, die mittels Plakaten ihre Meinung kundtun wollen, über Unternehmen, die für ihre Produkte werben oder mit der Vornahme von Plakatierungen beauftragt wurden, bis hin zu Mitarbeitern oder Subunternehmen.

Sofern dem Geschädigten Informationen zur Geltendmachung von Ansprüchen gegen den Wildplakatierer oder gegen das werbende Unternehmen, das sich von dem tatsächlichen Wildplakatierer unterscheidet, fehlen, kann dem Geschädigten für die Erteilung dieser Informationen abhängig von den Umständen des Einzelfalls ein Auskunftsanspruch nach § 242 BGB zur Verfügung stehen.

2. Teil: Wildplakatierungen im Kontext des Gesetzes gegen den unlauteren Wettbewerb

Wildplakatierungen, die einen geschäftlichen Bezug aufweisen, indem die mit den Wildplakatierungen angebrachten Plakate der Werbung für Produkte, Dienstleistungen oder Veranstaltungen dienen, können wettbewerbsrechtliche Konsequenzen haben. Eine wettbewerbsrechtliche Haftung des Wildplakatierers ist dann zu bejahen, wenn die Wildplakatierungen gemäß § 3 UWG als unlautere geschäftliche Handlungen zu qualifizieren sind, die geeignet sind, die Interessen von Mitbewerbern, Verbrauchern oder sonstigen Marktteilnehmern spürbar zu beeinträchtigen.

Eine wettbewerbsrechtliche Haftung kann sich dabei nicht nur aus der Wildplakatierung selbst, sondern auch aus einem Nichteinschreiten des werbenden Unternehmens gegen ihm bekannte, mit seinen Plakaten begangene Wildplakatierungen ergeben.

Rechtsfolgen einer wettbewerbsrechtlichen Haftung können Unterlassungs- oder Beseitigungsansprüche nach § 8 Abs. 1 UWG oder Schadensersatzansprüche nach § 9 S. 1 UWG sein. Wie bereits im (allgemein-)zivilrechtlichen Teil dieser Abhandlung thematisiert, stellt sich auch im Zusammenhang mit der wettbewerbsrechtlichen Haftung die Frage, welche Personen bzw. Unternehmen den möglichen Ansprüchen als Haftungssubjekt ausgesetzt sind. Zur Vermeidung von Wiederholungen werden die wettbewerbsrechtlichen Ausführungen auf diese Thematik nur noch ergänzend zu den (allgemein-)zivilrechtlichen Ausführungen eingehen.

§ 1 Schutzobjekte des UWG

Schutzobjekte des UWG sind nach § 1 UWG neben sonstigen Marktteilnehmern Mitbewerber und Verbraucher. Im Rahmen der folgenden Ausführungen wird der Leser immer wieder mit den Begriffen des „Mitbewerbers" und des „Verbrauchers" konfrontiert. So begegnen die Begriffe des „Mitbewerbers" und des „Verbrauchers" erstmals im Rahmen der geschäftlichen Handlung i. S. d. § 2 Abs. 1 Nr. 1 UWG, da eine geschäftliche Handlung einen objektiven Zusammenhang zwischen dem in Frage stehenden Verhalten und der Absatzförderung erfordert, welcher sich aus einer Beeinflussung von Mitbewerber- oder

Verbraucherinteressen ergeben kann.[196] Darüber hinaus stellt der Beispieltatbestand des § 4 Nr. 10 UWG auf eine gezielte Behinderung eines Mitbewerbers ab, während die Generalklausel des § 3 UWG in § 3 Abs. 2 UWG die Unzulässigkeit von geschäftlichen Handlungen gegenüber Verbrauchern und in § 3 Abs. 1 UWG den Schutz vor einer Beeinträchtigung von Mitbewerber- und Verbraucherinteressen zum Gegenstand hat. Schließlich nehmen auch § 8 UWG (Unterlassungsanspruch) und § 9 UWG (Schadensersatzanspruch) im Rahmen ihrer Anspruchsberechtigung auf Mitbewerber Bezug.

Aus diesem Grund werden die Begriffe des „Mitbewerbers" und des „Verbrauchers" bereits an dieser Stelle konkretisiert und im Hinblick auf die Fälle der Wildplakatierungen untersucht, bevor anschließend auf die wettbewerbsrechtlichen Haftungstatbestände im Einzelnen eingegangen wird.

A. Mitbewerbereigenschaft

Gemäß § 2 Abs. 1 Nr. 3 UWG ist unter einem Mitbewerber jeder Unternehmer zu verstehen, der mit einem oder mehreren Unternehmen als Anbieter oder Nachfrager von Waren oder Dienstleistungen in einem konkreten Wettbewerbsverhältnis steht. An das Bestehen eines konkreten Wettbewerbsverhältnisses werden dabei grundsätzlich keine hohen Anforderungen gestellt.[197]

Bezogen auf die Beantwortung der Frage, wann ein konkretes Wettbewerbsverhältnis vorliegt, werden unterschiedliche Ansichten vertreten, die teilweise auch miteinander vermischt werden.

I. Absatzversuch innerhalb desselben Abnehmerkreises

So wird für die Feststellung eines konkreten Wettbewerbsverhältnisses darauf abgestellt, ob Unternehmen die gleichen oder gleichartige Waren oder Dienstleistungen innerhalb desselben Abnehmerkreises abzusetzen versuchen mit der Folge, dass die beanstandete geschäftliche Handlung das andere Unternehmen beeinträchtigen, d. h. in seinem Absatz behindern oder stören kann.[198] In diesem

---

196 Vgl. *Köhler*, WRP 2009, 109, 111; Köhler/Bornkamm/*Köhler*, § 2 Rn. 43 u. Rn. 53.
197 BGH, Urt. v. 29.11.1984, GRUR 1985, 550, 552; BGH, Urt. v. 24.6.2004, GRUR 2004, 877, 878; OLG Hamm, Urt. v. 1.3.2007, GRUR-RR 2007, 282, 283; Fezer/*Fezer*, § 2 Nr. 3 Rn. D 33; Gloy/Loschelder/Erdmann/*Erdmann*, Handbuch des Wettbewerbsrechts, § 33 Rn. 17; Götting/Nordemann/*Götting*, § 2 Rn. 36; Münchener Kommentar/*Veil*/*Müller*, UWG, § 2 Rn. 132; Piper/Ohly/Sosnitza/*Sosnitza*, § 2 Rn. 55.
198 BGH, Urt. v. 5.10.2000, GRUR 2001, 258 f.; BGH, Urt. v. 5.10.2000, GRUR 2001, 260 f.; BGH, Urt. v. 24.6.2004, GRUR 2004, 877, 878; BGH, Urt. v. 29.3.2007, GRUR 2007, 1079,

Zusammenhang wird häufig darauf abgestellt, dass die Unternehmen auf demselben, vor allem sachlich und räumlich relevanten, Markt tätig werden.[199] Gegen diese Ansicht spricht vor allem ihre Unzulänglichkeit. Das Merkmal der Gleichartigkeit ist, auch wenn es unbestimmt ist, worin zugleich seine Schwäche liegt, nicht geeignet, alle relevanten, ein Wettbewerbsverhältnis begründenden Fälle zu erfassen.[200] Dies wird vor allem deutlich durch die Rechtsprechung des Bundesgerichtshofs, der selbst, sofern erforderlich, in seinen Urteilen von dem Merkmal der Gleichartigkeit Abstand genommen und trotz des Fehlens der Gleichartigkeit ein konkretes Wettbewerbsverhältnis bejaht hat.[201] So bejahte der BGH trotz Branchenverschiedenheit ein konkretes Wettbewerbsverhältnis z. B. zwischen einem Unternehmen, das unter dem Namen „Bambi" eine Schokolade vertrieb, und dem Inhaber des Urheberrechts an der im Jahr 1922 erschienen Tiergeschichte mit dem Titel „Bambi",[202] zwischen einem Vertriebsunternehmen für ONKO-Kaffee und einem Werbetreibenden für Blumen und Pflanzen[203] oder auch zwischen einem Vertriebsunternehmen der Whisky-Sorte „DIMPLE" und einem Hersteller bzw. Vertriebsunternehmen kosmetischer Erzeugnisse, das das eingetragene Wortzeichen „DIMPLE" für eine kosmetische Herrenserie verwenden wollte.[204]

Weiterhin verdeutlichen Fälle, in denen keine Gleichartigkeit gegeben, der Absatz der betroffenen Unternehmen jedoch beeinträchtigt wird, z. B. der Fall, in dem der Inhaber des einzigen Möbelgeschäfts auf einer Einkaufsstraße durch Herabsetzung der anderen, ebenfalls in der Einkaufsstraße befindlichen, branchenfremden Geschäfte seinen Absatz fördern will, oder der Fall, in dem ein Militariahändler auf einem Flohmarkt einen Musikalienhändler vertreibt, weil er

---

1080 Rn. 18; BGH, Urt. v. 3.5.2007, GRUR 2007, 978 Rn. 16; BGH, Urt. v. 22.4.2009, GRUR 2009, 845, 849 Rn. 40; BGH, Urt. v. 20.5.2009, GRUR 2009, 980, 981 Rn. 9; OLG Hamm, Urt. v. 1.3.2007, GRUR-RR 2007, 282, 283; Harte-Bavendamm/Henning-Bodewig/*Keller*, § 2 Rn. 124 u. Rn. 127; Ullmann/*Ernst*, § 2 Rn. 27; Münchener Kommentar/*Veil*/*Müller*, UWG, § 2 Rn. 134; Piper/Ohly/Sosnitza/*Sosnitza*, § 2 Rn. 54.

199 BGH, Urt. v. 5.10.2000, GRUR 2001, 258 f.; BGH, Urt. v. 5.10.2000, GRUR 2001, 260 f.; BGH, Urt. v. 24.6.2004, GRUR 2004, 877, 878; BGH, Urt. v. 29.3.2007, GRUR 2007, 1079, 1080 Rn. 18; Harte-Bavendamm/Henning-Bodewig/*Keller*, § 2 Rn. 127; Ullmann/*Ernst*, § 2 Rn. 27; Münchener Kommentar/*Veil*/*Müller*, UWG, § 2 Rn. 134; Piper/Ohly/Sosnitza/*Sosnitza*, § 2 Rn. 55.

200 Köhler/Bornkamm/*Köhler*, § 2 Rn. 97a.

201 BGH, Urt. v. 9.10.1959, GRUR 1960, 144, 146; BGH, Urt. v. 12.1.1972, GRUR 1972, 553; BGH Urt. v. 29.11.1984, GRUR 1985, 550, 552; BGH, Urt. v. 29.11.1990, GRUR 1991, 465, 466; BGH, Urt. v. 10.2.1994, GRUR 1994, 808, 810; BGH, Urt. v. 24.6.2004, GRUR 2004, 877, 878 f.; vgl. auch BT-Drucks. 15/1487 S. 16.

202 Fall „Bambi": BGH, Urt. v. 9.10.1959, GRUR 1960, 144, 146.

203 Fall „Statt Blumen ONKO-Kaffee": BGH, Urt. v. 12.1.1972, GRUR 1972, 553.

204 Fall „DIMPLE": BGH Urt. v. 29.11.1984, GRUR 1985, 550, 552.

dessen Stellplatz für absatzfördernder hält, dass ein alleiniges Abstellen auf die Merkmale der Gleichartigkeit der Waren und des sachlich relevanten Marktes für die Beurteilung eines konkreten Wettbewerbsverhältnisses nicht ausreichend ist.[205]

II. Wechselbeziehung zwischen Absatzförderung und Absatzbeeinträchtigung

Ein konkretes Wettbewerbsverhältnis wird auch dann angenommen, wenn zwischen den Vorteilen, die jemand durch eine Maßnahme für sein Unternehmen oder das eines Dritten zu erreichen versucht, und den Nachteilen, die ein anderer dadurch erleidet, eine Wechselbeziehung in dem Sinne besteht, dass der eigene Wettbewerb gefördert und der fremde Wettbewerb beeinträchtigt werden können.[206] Auch im Rahmen dieser Ansicht stellen einige Vertreter auf eine Tätigkeit auf demselben sachlichen, räumlichen und zeitlichen Markt ab.[207]

Diese Ansicht, die auch dem Verständnis des Gesetzgebers entspricht,[208] ist grundsätzlich weiter als die rein auf Gleichartigkeit abstellende, bereits aufgezeigte Ansicht. Wie die auf Grundlage dieser Ansicht von der Rechtsprechung entwickelten, später noch eingehender behandelten Fälle der Rufausbeutung[209] zeigen, werden von dieser Ansicht auch Fälle erfasst, in denen eine Absatzbehinderung nicht erforderlich ist. Dennoch ist auch dieser Ansatz zum Teil unscharf und in bestimmten Fällen unzulänglich.[210] Sofern Vertreter dieser Ansicht auf eine Tätigkeit auf demselben Markt abstellen, können bestimmte Fälle des Behinderungswettbewerbs, z. B. fehlende Marktidentität bei Vertrieb von Billigimitationen von Rolex-Uhren durch Tchibo,[211] von diesem Ansatz nicht hinreichend erfasst werden. Zudem lässt diese Ansicht eine auf den Normzweck einer

---

205 *Köhler*, WRP 2009, 499, 505.

206 BT-Drucks 15/1487 S. 16; *Beater*, WRP 2009, 768, 776; *Dreyer*, GRUR 2008, 123, 126; Fezer/*Fezer*, § 2 Nr. 3 Rn. D 36; Harte-Bavendamm/Henning-Bodewig/*Keller*, § 2 Rn. 124; Münchener Kommentar/*Veil/Müller*, UWG, § 2 Rn. 129; Götting/Nordemann/*Götting*, § 2 Rn. 34; Gloy/Loschelder/Erdmann/*Erdmann*, Handbuch des Wettbewerbsrechts, § 33 Rn. 15; Piper/Ohly/Sosnitza/*Sosnitza*, § 2 Rn. 53.

207 Harte-Bavendamm/Henning-Bodewig/*Keller*, § 2 Rn. 124; Piper/Ohly/ Sosnitza/*Sosnitza*, § 2 Rn. 53; Götting/Nordemann/*Götting*, § 2 Rn. 36.

208 BT-Drucks 15/1487 S. 16.

209 BGH, Urt. v. 9.10.1959, GRUR 1960, 144, 146; BGH, Urt. v. 9.12.1982, GRUR 1983, 247, 248; BGH, Urt. v. 29.11.2984, GRUR 1985, 550, 552 f.; BGH, Urt. v. 4.6.1987, GRUR 1988, 453, 454 f.; BGH, Urt. v. 29.11.1990, GRUR 1991, 465, 466; BGH, Urt. v. 10.2.1994, GRUR 1994, 808, 810 f.

210 *Köhler*, WRP 2009, 499, 505.

211 Vgl. BGH, Urt. v. 8.11.1984, GRUR 1985, 876 ff.; Köhler/Bornkamm/*Köhler*, § 2 Rn. 101.

jeden mitbewerberbezogenen Wettbewerbsnorm konkret abstellende und damit auf die betroffene Norm zugeschnittene Untersuchung des Mitbewerberkreises missen.

III. Normzweck als Beurteilungsgrundlage für ein konkretes Wettbewerbsverhältnis

Aufgrund der aufgezeigten Schwächen ist die Ansicht vorzugswürdig, nach der das konkrete Wettbewerbsverhältnis auf Grundlage des Zwecks der im Rahmen der Wildplakatierungen jeweils betroffenen Normen beurteilt und abhängig von dem jeweiligen Normzweck auf einen Substitutionswettbewerb oder einen Behinderungswettbewerb abgestellt wird.[212]

Wie im weiteren Verlauf dieser Abhandlung noch aufgezeigt, kommen als durch die Wildplakatierungen verletzte Normen § 4 Nr. 10 UWG i. V. m. § 3 Abs. 1 UWG, § 4 Nr. 11 UWG i. V. m. § 3 Abs. 1 UWG, sowie Verstöße gegen die Generalklausel in ihrer Ausgestaltung unter § 3 Abs. 2 UWG und § 3 Abs. 1 UWG in Betracht.

Bei Verstößen gegen allgemeine Verhaltensnormen wie § 3 Abs. 2 UWG, § 3 Abs. 1 UWG und § 4 Nr. 11 UWG i. V. m. § 3 Abs. 1 UWG ist nach der vorliegend präferierten Ansicht entscheidend, ob ein Substitutionswettbewerb vorliegt,[213] der darauf abzielt, den Marktteilnehmern eine Ware oder Dienstleistung anzubieten, die mit der eines anderen Unternehmers austauschbar ist.[214] Bei Normen, die den Schutz eines Unternehmers vor Behinderungsmaßnahmen bezwecken, wie z. B. § 4 Nr. 10 UWG i. V. m. § 3 Abs. 1 UWG, muss hingegen ein Behinderungswettbewerb vorliegen, wonach die konkrete geschäftliche Handlung objektiv geeignet und darauf gerichtet sein muss, den Absatz oder Bezug des Handelnden zum Nachteil des Absatzes oder Bezugs eines anderen Unternehmens zu fördern.[215] Im Gegensatz zum Substitutionswettbewerb erfordert ein Behinderungswettbewerb keine Tätigkeit auf demselben Markt.[216]

Auf Grundlage dieser Feststellungen stellt sich somit im Hinblick auf Wildplakatierungen die Frage, zwischen welchen Marktteilnehmern ein konkretes Wettbewerbsverhältnis besteht.

---

212 Vgl. Köhler/Bornkamm/*Köhler*, § 2 Rn. 100.
213 Köhler/Bornkamm/*Köhler*, § 2 Rn. 104.
214 Köhler/Bornkamm/*Köhler*, § 2 Rn. 100.
215 *Köhler*, WRP 2009, 499, 506; Köhler/Bornkamm/*Köhler*, § 2 Rn. 101 f.
216 Köhler/Bornkamm/*Köhler*, § 2 Rn. 102; zur Identität des Marktes beim Substitutionswettbewerb siehe: Köhler/Bornkamm/*Köhler*, § 2 Rn. 104.

IV. Mitbewerbereigenschaft in den Fällen der Eigenplakatierung

Das werbende Unternehmen, das im Rahmen der Eigenplakatierungen durch seine Handlungsorgane oder seine Mitarbeiter selbst plakatiert, verfolgt durch die Wildplakatierungen das Ziel, seinen eigenen Absatz zu fördern. In den Fällen der Eigenplakatierung muss das konkrete Wettbewerbsverhältnis daher zwischen dem wild plakatierenden, werbenden Unternehmen und einem anderen, benachteiligten Mitbewerber bestehen.[217]

1. Konkretes Wettbewerbsverhältnis im Rahmen eines Behinderungswettbewerbs

Die Frage des konkreten Wettbewerbsverhältnisses in den Fällen der Eigenplakatierung wird zunächst im Hinblick auf den Behinderungswettbewerb untersucht.

a) Konkretes Wettbewerbsverhältnis zu mit Plakaten werbenden Unternehmen

aa) Überkleben fremder Plakate

Ein konkretes Wettbewerbsverhältnis ist in den Fällen des Überklebens fremder Plakate denkbar, wobei in diesem Zusammenhang unbeachtlich ist, ob die Behinderung gegenüber einem branchengleichen oder branchenfremden Unternehmen eintritt.

Werden fremde Plakate gezielt überklebt, indem sich die Wildplakatierungen gerade gegen Plakate bestimmter Mitbewerber richten, führt schon allein diese Zielgerichtetheit zu einer Konkretisierung des Wettbewerbsverhältnisses zwischen dem wild plakatierenden und dem gezielt in seiner Werbung behinderten Unternehmen. In diesen Fällen ist die konkrete geschäftliche Handlung objektiv geeignet (unter Ausnahme von geschmackloser, menschenverachtender oder öffentliches Ärgernis erregender Werbung, deren Eignung zur Absatzförderung oftmals abzulehnen sein wird) und darauf gerichtet, den Absatz des wild plakatierenden Unternehmens zum Nachteil des Absatzes des Unternehmens, dessen Plakat überklebt wird, zu fördern.

Werden fremde Plakate hingegen nicht gezielt, sondern willkürlich überklebt, so bedarf es mangels gegebener Offensichtlichkeit einer konkreten Feststellung des Behinderungswettbewerbs. Zwar wird an der objektiven Eignung – vorbehaltlich der aufgezeigten Ausnahmen – kein Zweifel bestehen. Stellt man jedoch auf die weiteren Voraussetzungen der bereits dargelegten Definition eines kon-

---

217 Vgl. Fezer/*Fezer*, § 2 Nr. 3 Rn. D 36; Münchener Kommentar/*Veil*/*Müller*, UWG, § 2 Rn. 130.

kreten Wettbewerbsverhältnisses in den Fällen des Behinderungswettbewerbs ab, so erfordert ein solches Verhältnis, dass die geschäftliche Handlung gerade darauf gerichtet ist, den Absatz des Handelnden zum Nachteil des Absatzes eines anderen Unternehmens zu fördern. Das Vorliegen dieser Voraussetzung könnte in den Fällen eines willkürlichen Überklebens zweifelhaft sein. Zu beachten ist jedoch, dass es für einen Behinderungswettbewerb unter Verzicht auf eine Behinderungsabsicht durchaus genügt, wenn sich die Handlung ihrer Art nach gezwungenermaßen nachteilig auf den Wettbewerb eines anderen Unternehmens auswirkt bzw. auswirken kann.[218] Unter diesem Gesichtspunkt kann auch bei willkürlichem Überkleben fremder Plakate ein konkretes Wettbewerbsverhältnis bejaht werden, da sich das Überkleben seiner Art nach notwendigerweise nachteilig auf den Wettbewerb des Unternehmens, dessen Plakat überklebt wird, auswirkt. Somit ist sowohl in den Fällen des gezielten als auch des willkürlichen Überklebens fremder Plakate ein konkretes Wettbewerbsverhältnis gegeben.[219]

bb) Wildplakatierungen in Form des Plakatierens auf nicht angemieteten Anschlagsflächen oder auf Flächen ohne Werbefunktion

Die Frage nach dem konkreten Wettbewerbsverhältnis im Rahmen des Behinderungswettbewerbs stellt sich weiterhin bei Wildplakatierungen in Form des Plakatierens auf nicht angemieteten Anschlagsflächen oder auf Flächen ohne Werbefunktion (z. B. Schaltkästen, Brückenpfeilern oder Hauswänden), die nicht gegen Geld angemietet werden können.

Derartige Wildplakatierungen sind sowohl objektiv geeignet als auch darauf gerichtet, den Absatz des wild plakatierenden Unternehmens zu fördern, da dieses durch die Wildplakatierungen verstärkt die öffentliche Aufmerksamkeit auf seine beworbenen Produkte lenken und dabei den für eine Anschlagsfläche üblicherweise zu entrichtenden Mietzins einspart. Fraglich ist jedoch, ob die Wildplakatierungen auch objektiv geeignet und darauf gerichtet sind, den Absatz des wild plakatierenden Unternehmens zum Nachteil des Absatzes anderer Unternehmen zu fördern.

Zumindest im Hinblick auf branchengleiche, mit Plakaten werbende Unternehmen wirkt sich diese Form von Wildplakatierungen ihrer Art nach notwendigerweise insofern nachteilig auf deren Wettbewerb aus, als dem wild plakatierenden Unternehmen für seine Plakate Werbeplattformen zur Verfügung stehen, die anderen Unternehmen, die ein lauteres Plakatierverhalten an den Tag legen,

---

218 Köhler/Bornkamm/*Köhler*, § 2 Rn. 102.
219 Vgl. dazu (nicht differenzierend zwischen gezieltem und willkürlichem Überkleben) Köhler/Bornkamm/*Köhler*, § 2 Rn. 111.

nicht zugänglich sind. Dies kann zu einer Absatzbehinderung branchengleicher Unternehmen in der Form führen, dass Konsumenten mit den wild angebrachten Plakaten konfrontiert werden und bei diesen dadurch zum Nachteil anderer branchengleicher Produkte eine Entscheidung für das durch die Wildplakatierung beworbene Produkt ausgelöst werden kann.[220]

Bei Unternehmen, die einer anderen Branche als das wild plakatierende Unternehmen angehören, greift das Argument der Absatzbehinderung nicht ohne weiteres. Eine solche kann jedoch auch bei branchenfremden Unternehmen beispielsweise dadurch herbeigeführt werden, dass sich das wild plakatierende Unternehmen durch den Inhalt seiner Werbung zu branchenfremden Unternehmen in Wettbewerb setzt. So hatte der BGH ein konkretes Wettbewerbsverhältnis in einem Fall bejaht, in dem ein Vertriebsunternehmen für Kaffee mit dem Werbeslogan „Statt Blumen ONKO-Kaffee" geworben hatte.[221] Das konkrete Wettbewerbsverhältnis zwischen der Klägerin, einem Werbeverband für Blumen und Pflanzen, und dem Kaffeevertriebsunternehmen als Beklagtem wurde damit begründet, dass den Kunden durch den Werbeslogan des Kaffeevertriebsunternehmens gezielt eine Substitutionsmöglichkeit von Kaffee statt Blumen aufgezeigt wurde.[222] Der Inhalt dieses Werbeslogans kann bei branchenfremden Unternehmen eine Absatzbehinderung herbeiführen, die ein konkretes Wettbewerbsverhältnis zwischen dem wild plakatierenden und dem branchenfremden Unternehmen begründet.

Davon abgesehen erfordert ein konkretes Wettbewerbsverhältnis nicht zwingend eine Absatzbehinderung.[223] Es kann vielmehr auch durch eine konkrete Wettbewerbshandlung entstehen, durch die sich der Handelnde in Wettbewerb zu dem Betroffenen stellt.[224] Bejaht wurde ein derart begründetes Wettbewerbsverhältnis von der Rechtsprechung in den Fällen der Rufausbeutung.[225] Vorausset-

---

220 Vgl. Harte-Bavendamm/Henning-Bodewig/*Keller*, § 2 Rn. 125.
221 BGH, Urt. v. 12.1.1972, GRUR 1972, 553 ff.
222 BGH, Urt. v. 12.1.1972, GRUR 1972, 553.
223 BGH, Urt. v. 9.10.1959, GRUR 1960, 144, 146; BGH, Urt. v. 9.12.1982, GRUR 1983, 247, 248 f.; BGH, Urt. v. 29.11.1984, GRUR 1985, 550, 552; Münchener Kommentar/*Veil*/*Müller*, UWG, § 2 Rn. 146; Harte-Bavendamm/Henning-Bodewig/*Keller*, § 2 Rn. 137; Fezer/*Fezer*, § 2 Nr. 3 Rn. D 48.
224 Vgl. BGH, Urt. v. 29.11.1984, GRUR 1985, 550, 552; BGH, Urt. v. 4.6.1987, GRUR 1988, 453, 454; BGH, Urt. v. 24.6.2004, GRUR 2004, 877, 878 f.; Münchener Kommentar/*Veil*/*Müller*, UWG, § 2 Rn. 146; Harte-Bavendamm/Henning-Bodewig/*Keller*, § 2 Rn. 137; Fezer/*Fezer*, § 2 Nr. 3 Rn. D 48; *v. Gamm*, WM 1984, Sonderbeilage Nr. 6, 2, 5.
225 BGH, Urt. v. 9.10.1959, GRUR 1960, 144, 146; BGH, Urt. v. 9.12.1982, GRUR 1983, 247, 248; BGH, Urt. v. 29.11.1984, GRUR 1985, 550, 552 f.; BGH, Urt. v. 4.6.1987, GRUR 1988, 453, 454 f.; BGH, Urt. v. 29.11.1990, GRUR 1991, 465, 466; BGH, Urt. v. 10.2.1994, GRUR 1994, 808, 810 f.

zung für einen Fall der Rufausbeutung ist die Anlehnung an Ruf und Ansehen einer fremden Ware durch eine Gleichstellungsbehauptung sowie die Ausnutzung dieser für den Absatz seiner ungleichartigen und nicht konkurrierenden Ware, wobei eine wirtschaftlich sinnvolle Verwertung dieses Rufs seitens ihres Inhabers möglich sein muss.[226] Das unerlaubte Plakatieren auf nicht angemieteten Anschlagsflächen oder auf Flächen ohne Werbefunktion, durch das keine Plakate branchenfremder Unternehmen überklebt werden, kann darunter nicht subsumiert werden. Der Wildplakatierer setzt seine Produkte allein durch diese Form der Wildplakatierung in keinerlei Bezug zu dem Ruf oder Ansehen einer fremden Ware. An diesem Ergebnis würde sich auch nichts ändern, wenn das unerlaubt angebrachte Plakat auf derselben Fläche neben einem Plakat eines branchenfremden Unternehmens angebracht wäre. Denn die bloße Tatsache, dass auf derselben Fläche ein Plakat neben einem anderen angebracht ist, hat noch keine Ausnutzung des Rufs oder Ansehens des mit dem „Nachbar"-Plakat beworbenen Produkts zur Folge.

Ein Wettbewerb zu branchenfremden Unternehmen wird durch Wildplakatierungen in Form des Plakatierens auf nicht angemieteten Anschlagsflächen oder auf Flächen ohne Werbefunktion daher nur im Einzelfall begründet (vergleiche „Statt Blumen Onko-Kaffee"-Fall).

b) Konkretes Wettbewerbsverhältnis zu Plakatierunternehmen

Die Frage eines konkreten Wettbewerbsverhältnisses im Rahmen des Behinderungswettbewerbs in den Fällen der Eigenplakatierung stellt sich weiterhin mit Blick auf das Verhältnis zwischen wild plakatierendem Unternehmen und einem Plakatierunternehmen, das zur Anbringung von Plakaten eingeschaltet wird.

Eine Behinderung des Wettbewerbs des Plakatierunternehmens, die das Entstehen eines konkreten Wettbewerbsverhältnisses zur Folge hätte, käme allenfalls dann in Betracht, wenn die Wildplakatierungen auf Anschlagsflächen begangen würden, die das Plakatierunternehmen für die bei ihm in Auftrag gegebenen Plakatierungen angemietet hätte oder wenn Plakate überklebt würden, die das Plakatierunternehmen auftragsgemäß angebracht hat. Derartige Wildplakatierungen sind zwar – vorbehaltlich der bereits aufgezeigten Ausnahmen geschmackloser oder menschenverachtender Werbung – objektiv geeignet und darauf gerichtet, den Absatz des wild plakatierenden Unternehmens zu fördern, stellen jedoch keine Behinderung des Wettbewerbs des Plakatierunternehmens

---

226 BGH, Urt. v. 9.12.1982, GRUR 1983, 247, 248; BGH, Urt. v. 29.11.1984, GRUR 1985, 550, 552; *v. Gamm*, WM 1984, Sonderbeilage Nr. 6, 2, 5 f.; Piper/Ohly/Sosnitza/*Sosnitza*, § 2 Rn. 62; Münchener Kommentar/*Veil/Müller*, UWG, § 2 Rn. 146.

dar. Zum einen wird das Plakatierunternehmen durch Wildplakatierungen, die, ohne bereits angebrachte Plakate zu überkleben, auf von dem Plakatierunternehmen angemieteten Flächen erfolgen, nicht daran gehindert, seinem Plakatierauftrag auf diesen Flächen nachzukommen, indem es das unerlaubt angebrachte Plakat überklebt. Zum anderen führen Wildplakatierungen, durch die von dem Plakatierunternehmen angebrachte Plakate überklebt werden, lediglich zu einer Behinderung des mit dem überklebten Plakat werbenden Unternehmens, nicht jedoch zu einer Behinderung des Plakatierunternehmens, da das Plakatierunternehmen seinen Plakatierauftrag mit der Plakatierung in der Regel erfüllt hat und im Rahmen des Auftrags grundsätzlich keine Gewähr dafür übernimmt, dass die von ihm angebrachten Plakate nicht überklebt werden. Ein konkretes Wettbewerbsverhältnis zwischen wild plakatierendem Unternehmen und Plakatierunternehmen scheidet daher unter Behinderungsgesichtspunkten aus.

c) Konkretes Wettbewerbsverhältnis zu Nutzungsberechtigtem der plakatierten Fläche

Im Rahmen des Behinderungswettbewerbs bei Fällen der Eigenplakatierung ist das Vorliegen eines konkreten Wettbewerbsverhältnisses schließlich noch im Hinblick auf das Verhältnis zwischen wild plakatierendem Unternehmen und Nutzungsberechtigtem der plakatierten Fläche zu untersuchen. Als Nutzungsberechtigter kommen sowohl der Eigentümer der Fläche als auch eine Werbeflächenagentur in Betracht, welche die Anschlagsfläche – in der Regel über einen längeren Zeitraum – zur Weitervermietung an Dritte angemietet hat. Grundlegende Voraussetzung für ein konkretes Wettbewerbsverhältnis ist dabei zunächst, dass Eigentümer bzw. Werbeflächenagentur unternehmerisch tätig sind, z. B. in Form einer (Weiter-) Vermietung der betroffenen Fläche zum Zwecke des Plakatanschlags.[227] Während eine unternehmerische Tätigkeit bei einer Werbeflächenagentur bejaht werden kann, ist bei einem Eigentümer von Flächen die unternehmerische Tätigkeit einzelfallbezogen festzustellen. So scheiden Wildplakatierungen auf Flächen ohne Werbefunktion, die nicht wettbewerblich genutzt werden und deren Eigentümer nicht als Unternehmer auftritt, als Anknüpfungspunkt für eine wettbewerbsrechtliche Haftung aus.

Kann eine unternehmerische Tätigkeit des Nutzungsberechtigten der jeweils betroffenen Fläche bejaht werden, stellt sich erneut die Frage, ob die Wildplakatierung objektiv geeignet und darauf gerichtet ist, den Absatz des Handelnden zum Nachteil des Absatzes eines anderen Unternehmens zu fördern.

---

227 Vgl. zum Unternehmerbegriff: Münchener Kommentar/*Veil*/*Müller*, UWG, § 2 Rn. 121; Köhler/Bornkamm/*Köhler*, § 2 Rn. 93; Harte-Bavendamm/Henning-Bodewig/*Keller*, § 2 Rn. 117.

Eine Wildplakatierung auf der fremden, wirtschaftlich genutzten Anschlagsfläche ist objektiv dazu geeignet und auch darauf gerichtet, den Absatz des wild
plakatierenden Unternehmens zu fördern. Bei der negativen Wirkung auf den
Wettbewerb des Nutzungsberechtigten ist zu unterscheiden. Im Hinblick auf den
Eigentümer der plakatierten Fläche könnte sich eine Wildplakatierung insofern
nachteilig auf dessen Wettbewerb ausüben, als die Wildplakatierung einen Eingriff in das absolute Recht des Eigentums an der wirtschaftlich genutzten Anschlagsfläche darstellt. Der Eigentümer kann nach § 903 BGB mit der Sache
nach Belieben verfahren und andere von jeder Einwirkung ausschließen. Diese
mit dem Eigentum als absolutem Recht verbundene Ausschlussfunktion sowie
die Möglichkeit, nach Belieben Nutzungsrechte an dem Eigentum zu vergeben,
haben eine wirtschaftlich sinnvolle Verwertbarkeit des Eigentumsrechts zur Folge. Durch das Bekleben der im Eigentum stehenden Anschlagsfläche greift das
wild plakatierende Unternehmen in das Eigentumsrecht ein, um auf dem fremden
Eigentum unter Inanspruchnahme der damit verbundenen Vorteile (z. B. größere
Aufmerksamkeit für seine Produkte) mit Plakaten werben zu können, während
der Eigentümer dadurch in der wirtschaftlich sinnvollen Verwertbarkeit seines
Eigentums und dem damit verbundenen Absatz gestört wird. Vor diesem Hintergrund begründen Wildplakatierungen auf nicht angemieteten Anschlagsflächen
ein konkretes Wettbewerbsverhältnis zwischen dem wild plakatierenden Unternehmen und dem Eigentümer der Anschlagsfläche.

Unabhängig von der Art des Nutzungsberechtigten der Fläche (Eigentümer
oder Werbeflächenagentur) wird ein konkretes Wettbewerbsverhältnis zu diesem
weiterhin dadurch konstituiert, dass einerseits dem Nutzungsberechtigten durch
die unentgeltliche, unberechtigte Plakatierung die Vergütung für die Nutzung der
Anschlagsfläche entgeht, andererseits bei potenziellen Mietern von Anschlagsflächen aufgrund der Wildplakatierungen der Eindruck erweckt werden kann,
dass die sie interessierenden Plakatflächen bereits vermietet sind, und diese des-
halb von einer Anfrage zur Vermietung absehen.[228]

d) Zwischenergebnis

Als Resümee der Untersuchungen zum Behinderungswettbewerb in den Fällen
der Eigenplakatierung kann somit festgehalten werden, dass das gezielte und
willkürliche Überkleben fremder Plakate stets ein für die Mitbewerbereigenschaft erforderliches konkretes Wettbewerbsverhältnis zwischen dem wild plakatierenden Unternehmen und dem Eigentümer des überklebten Plakats herstellt,
unabhängig davon, ob es sich bei dem Plakateigentümer um ein branchenglei-

---

228 Zur Abschreckung von potenziellen Mietern: *Saidi*, „Wildes" Plakatieren, S. 111.

ches oder branchenfremdes Unternehmen handelt. Im Gegensatz dazu wird bei Wildplakatierungen auf nicht angemieteten Anschlagsflächen ein konkretes Wettbewerbsverhältnis nur zwischen dem wild plakatierenden Unternehmen auf der einen Seite und einem branchengleichen Unternehmen oder dem Nutzungsberechtigten der Anschlagsfläche auf der anderen Seite begründet, während zu branchenfremden Unternehmen ein konkretes Wettbewerbsverhältnis und damit eine Mitbewerbereigenschaft nur im Einzelfall besteht (vergleiche „Statt Blumen Onko-Kaffee"-Fall).

2. Konkretes Wettbewerbsverhältnis im Rahmen des Substitutionswettbewerbs

Sofern nicht gegen Vorschriften verstoßen wurde, deren Normzweck in dem Schutz vor Maßnahmen des Behinderungswettbewerbs zu sehen ist, sondern gegen allgemeine Verhaltensregelungen (z. B. § 3 UWG oder § 4 Nr. 11 UWG i. V. m. § 3 Abs. 1 UWG), stellt sich die Frage nach dem Vorhandensein eines konkreten Wettbewerbsverhältnisses in den Fällen der Eigenplakatierung weiterhin im Rahmen des Substitutionswettbewerbs. Ein konkretes Wettbewerbsverhältnis im Rahmen des Substitutionswettbewerbs erfordert eine Tätigkeit auf demselben relevanten sachlichen, räumlichen und zeitlichen Markt.[229] Entsprechend dem im Kartellrecht entwickelten Bedarfsmarktkonzept[230] ist für das Vorhandensein eines sachlichen Markts maßgeblich, ob sich die angebotenen Produkte nach ihren Eigenschaften, ihrem wirtschaftlichen Verwendungszweck und ihrer Preislage so nahestehen, dass sie für den verständigen Verbraucher austauschbar erscheinen.[231]

---

229 Vgl. Köhler/Bornkamm/*Köhler*, § 2 Rn. 106; zum Erfordernis einer Tätigkeit auf demselben Markt siehe auch: Harte-Bavendamm/Henning-Bodewig/*Keller*, § 2 Rn. 124; Götting/Nordemann/*Götting*, § 2 Rn. 36; Piper/Ohly/Sosnitza/*Sosnitza*, § 2 Rn. 55.
230 BGH, Beschl. v. 25.6.1985, WuW/E BGH 2150, 2153; BGH, Beschl. v. 22.9.1987, GRUR 1988, 323, 324; BGH, Urt. v. 19.3.1996, WuW/E BGH 3058, 3062; OLG München, Urt. v. 17.9.1998, WuW/E DE-R 251, 252; OLG Düsseldorf, Urt. v. 14.10.2009, WuW/E DE-R 2806, 2810; OLG Düsseldorf, Beschl. v. 21.10.2009, WuW/E DE-R 2885, 2887; KG, Beschl. vom 18.2.1969, WuW/E OLG 995, 995 f.; KG, Beschl. v. 1.12.1976, WuW/E OLG 1745, 1748; KG, Beschl. v. 19.7.2000, WuW/E DE-R 628; Frankfurter Kommentar/*Paschke*, § 19 Rn. 60, Bechtold/*Bechtold*, § 19 Rn. 7; Immenga/Mestmäcker/*Möschel*, § 19 Rn. 24.
231 Zur entsprechenden Anwendbarkeit des kartellrechtlichen Bedarfsmarktprinzips: BGH, Urt. v. 17.1.2002, GRUR 2002, 828, 829; KG, Urt. v. 30.3.2009, GRUR-RR 2010, 22, 25; Köhler/Bornkamm/*Köhler*, § 2 Rn. 106a; Ullmann/*Ernst*, § 2 Rn. 28 u. Rn. 33; Götting/Nordemann/*Götting*, § 2 Rn. 37.

a) Konkretes Wettbewerbsverhältnis zwischen branchengleichen Unternehmen

Das wild plakatierende Unternehmen, das durch Wildplakatierungen für seine Produkte wirbt, setzt sich durch die Wildplakatierungen in ein konkretes Wettbewerbsverhältnis zu branchengleichen Unternehmen, deren Produkte aufgrund ihrer Eigenschaften, ihrem Verwendungszweck und ihrer Preislage mit dem durch die Wildplakatierung Beworbenen austauschbar erscheinen, sofern die betroffenen Unternehmen zudem auf demselben räumlichen und örtlichen Markt tätig sind.

b) Konkretes Wettbewerbsverhältnis zwischen branchenfremden Unternehmen

Ein konkretes Wettbewerbsverhältnis zwischen branchenfremden Unternehmen kann im Gegensatz zu branchengleichen Unternehmen mangels von vornherein gegebener Austauschbarkeit nicht ohne weiteres bejaht werden, sondern bedarf einer einzelfallbezogenen Prüfung. So hatte der BGH beispielsweise in dem Fall „Statt Blumen ONKO-Kaffee", der aufgrund seiner Bezüge sowohl zum Substitutions- als auch zum Behinderungswettbewerb bereits im Rahmen der Ausführungen zum Behinderungswettbewerb dargestellt wurde,[232] ein konkretes Wettbewerbsverhältnis unter dem Gesichtspunkt der Substituierbarkeit bejaht, in dem den Kunden durch den Werbeslogan eine Substitutionsmöglichkeit von Kaffee statt Blumen aufgezeigt wurde.[233]

Im Einzelfall sind auch bei Wildplakatierungen Konstellationen denkbar, in denen zwischen dem wild plakatierenden Unternehmen und branchenfremden Unternehmen ein konkretes Wettbewerbsverhältnis begründet wird. In Anlehnung an den Fall „Statt Blumen ONKO-Kaffee" kann z. B. der Inhalt eines wild angebrachten Plakats bei Verbrauchern im Hinblick auf Eigenschaften, wirtschaftlichen Verwendungszweck und Preislage den Schein der Austauschbarkeit von beworbenem und branchenfremdem Produkt erwecken. Abgesehen davon ist ein konkretes Wettbewerbsverhältnis zwischen branchenfremden Unternehmen im Rahmen des Substitutionswettbewerbs mangels Austauschbarkeit abzulehnen.

c) Konkretes Wettbewerbsverhältnis zu Plakatierunternehmen

Die Frage eines konkreten Wettbewerbsverhältnisses im Rahmen des Substitutionswettbewerbs stellt sich weiterhin mit Blick auf das Verhältnis zwischen wild plakatierendem Unternehmen und einem Plakatierunternehmen, das zur

---

232 Siehe S. 76 dieser Abhandlung.
233 BGH, Urt. v. 12.1.1972, GRUR 1972, 553 ff.

Anbringung von Plakaten eingeschaltet wird. Ein konkretes Wettbewerbsverhältnis im Rahmen des Substitutionswettbewerbs setzt voraus, dass beide Unternehmen entweder auf der Anbieter- oder auf der Nachfrageseite auf demselben Markt auftreten.[234] Für die Beurteilung der Frage nach einem konkreten Wettbewerbsverhältnis ist vorliegend zwischen Angebots- und Nachfragewettbewerb zu unterscheiden.

Im Rahmen des Angebotswettbewerbs scheidet ein konkretes Wettbewerbsverhältnis aus, da wild plakatierendes Unternehmen und Plakatierunternehmen auf unterschiedlichen sachlichen Märkten tätig sind. Wie bereits dargestellt, ist ein sachlicher Markt gegeben, wenn sich die angebotenen Produkte nach ihren Eigenschaften, ihrem wirtschaftlichen Verwendungszweck und ihrer Preislage so nahestehen, dass sie für den verständigen Verbraucher austauschbar erscheinen.[235] An dieser Austauschbarkeit fehlt es vorliegend, da das Plakatierunternehmen Plakatierleistungen anbietet, während das wild plakatierende Unternehmen Produkte anbietet, für die es mit Plakaten Werbung betreibt. Im Gegensatz zum Plakatierunternehmen bietet das wild plakatierende Unternehmen seine Plakatierleistungen Dritten nicht an, sondern plakatiert nur zum Zwecke der Eigenwerbung.

Im Rahmen des Nachfragewettbewerbs kann sich das Verhältnis zwischen Plakatierunternehmen und wild plakatierendem Unternehmen anders darstellen. Um Plakatwerbung betreiben zu können, muss das Plakatierunternehmen Anschlagsflächen anmieten. Dies muss grundsätzlich auch ein für seine Produkte mit Plakaten werbendes Unternehmen, sofern es keine Wildplakatierungen begeht. Es könnte daher die Auffassung vertreten werden, dass beide Unternehmen (im Hinblick auf das werbende Unternehmen zumindest potenziell) auf demselben sachlichen Markt auftreten. Auch wenn an das Bestehen eines konkreten Wettbewerbsverhältnisses keine hohen Anforderungen gestellt werden,[236] ist

---

234 Vgl. dazu auch OLG Frankfurt, Urt. v. 10.5.1990, NJW-RR 1990, 1262, 1263; OLG Frankfurt, Urt. v. 16.8.1990, OLGZ 1991, 81.

235 BGH, Beschl. v. 25.6.1985, WuW/E BGH 2150, 2153; BGH, Beschl. v. 22.9.1987, GRUR 1988, 323, 324; BGH, Urt. v. 19.3.1996, WuW/E BGH 3058, 3062; OLG München, Urt. v. 17.9.1998, WuW/E DE-R 251, 252; OLG Düsseldorf, Urt. v. 14.10.2009, WuW/E DE-R 2806, 2810; OLG Düsseldorf, Beschl. v. 21.10.2009, WuW/E DE-R 2885, 2887; KG, Beschl. vom 18.2.1969, WuW/E OLG 995, 995 f.; KG, Beschl. v. 1.12.1976, WuW/E OLG 1745, 1748; KG, Beschl. v. 19.7.2000, WuW/E DE-R 628; Frankfurter Kommentar/*Paschke*, § 19 Rn. 60; Bechtold/*Bechtold*, § 19 Rn. 7; Immenga/Mestmäcker/*Möschel*, § 19 Rn. 24.

236 BGH, Urt. v. 29.11.1984, GRUR 1985, 550, 552; BGH, Urt. v. 24.6.2004, GRUR 2004, 877, 878; OLG Hamm, Urt. v. 1.3.2007, GRUR-RR 2007, 282, 283; Fezer/*Fezer*, § 2 Nr. 3 Rn. D 33; Gloy/Loschelder/Erdmann/*Erdmann*, Handbuch des Wettbewerbsrechts, § 33 Rn. 17; Götting/Nordemann/*Götting*, § 2 Rn. 36; Münchener Kommentar/*Veil/Müller*, UWG, § 2 Rn. 132; Piper/Ohly/Sosnitza/*Sosnitza*, § 2 Rn. 55; Gloy/Loschelder/Erdmann/*Erdmann*, § 33 Rn. 17.

dennoch zu beachten, dass ein konkretes Wettbewerbsverhältnis an eine konkrete geschäftliche Handlung anknüpfen, also handlungsbezogen sein muss.[237] Allein die Tatsache, dass die Tätigkeit eines Plakatierunternehmens generell die Anmietung von Anschlagsflächen zum Gegenstand hat, begründet noch kein konkretes Wettbewerbsverhältnis, zumal das wild plakatierende Unternehmen vorliegend eben gerade keine Anschlagsfläche anmietet. Ein derart weiter Anwendungsbereich des konkreten Wettbewerbsverhältnisses liefe auch der Unterscheidung zu einem abstrakten Wettbewerbsverhältnis sowie der Tatsache zuwider, dass der Gesetzgeber im Rahmen der UWG-Reform 2004 mit der Begründung eines fehlenden schutzwürdigen Eigeninteresses des in einem abstrakten Wettbewerbsverhältnis zum Verletzer stehenden Gewerbetreibenden bewusst auf eine Fortführung des Erfordernisses eines abstrakten Wettbewerbsverhältnisses verzichtet hat.[238] Ein abstraktes Wettbewerbsverhältnis, das vor der UWG-Reform 2004 der Begründung der Aktivlegitimation diente, war nach § 13 Abs. 2 Nr. 1 UWG a. F. zu Gewerbetreibenden gegeben, die Waren oder gewerbliche Leistungen gleicher oder verwandter Art auf demselben Markt vertrieben. Dabei mussten die Gewerbetreibenden in ihren wettbewerblichen Interessen nicht selbst verletzt oder gefährdet sein und keinen konkreten Nachteil zu besorgen haben.[239] Vielmehr reichte die Möglichkeit einer nicht gänzlich unbedeutenden (potenziellen) Beeinträchtigung mit einer gewissen, u. U. auch nur geringen, Wahrscheinlichkeit aus.[240]

Diese weit gefassten Kriterien reichen für die Annahme eines konkreten Wettbewerbsverhältnisses nicht aus. Im Umkehrschluss zu den Anforderungen eines konkreten Wettbewerbsverhältnisses im Angebotswettbewerb müsste die konkrete geschäftliche Handlung im Nachfragewettbewerb die Nachfrager von bestimmten Leistungen, vorliegend der Anmietung von Anschlagsflächen, für die Anbieter austauschbar erscheinen lassen. Da Wildplakatierungen jedoch unberechtigt ohne Anmietung auf fremden Anschlagsflächen erfolgen, ist der Schein einer Austauschbarkeit für Anbieter von Anschlagsflächen im Rahmen von Wildplakatierungen zu keinem Zeitpunkt gegeben. Ein konkretes Wettbewerbs-

---

237 BGH, Urt. v. 22.4.2009, GRUR 2009, 845, 849 Rn. 40; OLG Hamm, Urt. v. 1.3.2007, GRUR-RR 2007, 282, 283; KG, Urt. v. 30.3.2009, GRUR-RR 2010, 22, 26; Köhler/Bornkamm/*Köhler*, § 2 Rn. 96; Harte-Bavendamm/Henning-Bodewig/*Keller*, § 2 Rn. 122.

238 BT-Drucks 15/1487, S. 22; Gloy/Loschelder/Erdmann/*Erdmann*, § 33 Rn. 14; Piper/Ohly/Sosnitza/*Sosnitza*, § 2 Rn. 63.

239 Piper/Ohly/Sosnitza/*Sosnitza*, § 2 Rn. 63.

240 BGH, Urt. v. 25.4.1996, WRP 1996, 1102, 1103; BGH, Urt. v. 11.7.1996, GRUR 1997, 145, 146; BGH, Urt. v. 11.11.1996, GRUR 1997, 479, 480; BGH, Urt. v. 5.6.1997, GRUR 1998, 489, 491; BGH, Urt. v. 24.11.1999, GRUR 2000, 438, 440; Piper/Ohly/Sosnitza/*Sosnitza*, § 2 Rn. 63.

verhältnis zwischen wild plakatierendem Unternehmen und Plakatierunternehmen ist daher im Rahmen des Substitutionswettbewerbs abzulehnen.

d) Konkretes Wettbewerbsverhältnis zu Eigentümer

Die Frage nach einem konkreten Wettbewerbsverhältnis im Rahmen des Substitutionswettbewerbs zwischen dem wild plakatierenden Unternehmen und dem
Eigentümer der plakatierten Anschlagsfläche ist zu verneinen, da mangels Austauschbarkeit eine Identität des sachlichen Markts nicht gegeben ist. Während
der Eigentümer auf der Angebotsseite die ihm gehörenden Anschlagsflächen anbietet, bietet das wild plakatierende Unternehmen Dritten seine Produkte an und
sucht lediglich auf der Nachfrageseite als potenzieller Kunde Anschlagsflächen
für seine Plakate nach. Beide Parteien sind somit sowohl auf Angebots- als auch
auf Nachfrageseite auf unterschiedlichen sachlichen Märkten tätig.

e) Konkretes Wettbewerbsverhältnis zu Werbeflächenagenturen

Schließlich bedarf es im Rahmen des Substitutionswettbewerbs noch einer Beurteilung, ob zwischen dem wild plakatierendem Unternehmen und einer Werbeflächenagentur ein konkretes Wettbewerbsverhältnis gegeben ist.

Hinsichtlich der Angebotsseite kann auf die Ausführungen zum Eigentümer
der plakatierten Anschlagsfläche verwiesen werden. Während die Werbeflächenagentur die von ihr angemieteten Anschlagsflächen Dritten weitervermietet, bietet das wild plakatierende Unternehmen Dritten seine Produkte an.

Auf der Nachfrageseite fragt die Werbeflächenagentur – ähnlich dem Plakatierunternehmen, wenn auch mit unterschiedlicher Intention – Anschlagsflächen
an. Entsprechend der Ausführungen zum konkreten Wettbewerbsverhältnis mit
einem Plakatierunternehmen[241] kann jedoch auch im Verhältnis zur Werbeflächenagentur eine Wildplakatierung mangels Austauschbarkeit kein konkretes
Wettbewerbsverhältnis begründen.

f) Zwischenergebnis

Zusammenfassend ist somit im Hinblick auf den Substitutionswettbewerb in den
Fällen der Eigenplakatierung festzuhalten, dass ein für die Mitbewerbereigenschaft erforderliches konkretes Wettbewerbsverhältnis zwischen wild plakatierendem und branchengleichen Unternehmen gegeben ist, während ein solches zu
branchenfremden Unternehmen nur im Einzelfall angenommen werden kann,

---

241 Siehe Seite 81 ff. dieser Abhandlung.

und zwar in den Fällen, in denen sich das durch die Wildplakatierung beworbene Produkt durch den Inhalt des Werbeplakats in Wettbewerb zu dem Produkt des branchenfremden Unternehmens setzt. Zu Plakatierunternehmen, Eigentümer der Anschlagsfläche und Werbeflächenagentur wird durch die Wildplakatierung kein konkretes Wettbewerbsverhältnis im Rahmen des Substitutionswettbewerbs begründet, weshalb diese als Mitbewerber innerhalb des Substitutionswettbewerbs ausscheiden.

V. Mitbewerbereigenschaft in den Fällen der Auftragsplakatierung

Die Besonderheit von Auftragsplakatierungen im Vergleich zu Eigenplakatierungen liegt darin, dass bei Auftragsplakatierungen zwei Unternehmen auf Täterseite in die Wildplakatierungen involviert sind, das für seine Produkte mit Plakaten werbende Unternehmen und das zur Vornahme der Plakatierungen eingeschaltete Unternehmen (Werbeagentur oder Plakatierunternehmen). Die Frage des konkreten Wettbewerbsverhältnisses stellt sich somit im Rahmen der Auftragsplakatierungen grundsätzlich nicht nur im Hinblick auf das mit Plakaten werbende, sondern auch im Hinblick auf das eingeschaltete Unternehmen. Zu beachten ist dabei jedoch, dass in den vorangegangenen Ausführungen Wildplakatierungen bereits als nicht objektiv geeignet eingestuft wurden, den Absatz des eingeschalteten, wild plakatierenden Unternehmens zu fördern. Damit scheidet auch eine für den objektiven Zusammenhang erforderliche Zielverfolgung der Förderung des eigenen Wettbewerbs aus. In Betracht kommt hinsichtlich des objektiven Zusammenhangs daher nur ein solcher zwischen den Wildplakatierungen und dem Absatz des für seine Produkte werbenden Unternehmens. Aufgrund seiner Tätigkeit in der Werbebranche und der damit verbundenen immanenten Zielsetzung verfolgt das eingeschaltete Unternehmen regelmäßig auch den Zweck, den fremden Wettbewerb des ihn beauftragenden, werbenden Unternehmens zu fördern.[242]

In Fällen, die auf fremde Wettbewerbsförderung abzielen, muss das für die Mitbewerbereigenschaft erforderliche konkrete Wettbewerbsverhältnis zwischen dem geförderten und dem benachteiligten Unternehmen bestehen.[243] Hinsichtlich eines konkreten Wettbewerbsverhältnisses zu dem werbenden Unternehmen als gefördertem Unternehmen kann dabei auf die Ausführungen zu den Eigenplakatierungen verwiesen werden.[244]

---

242 Zur Wettbewerbsabsicht vgl.: *Henning-Bodewig*, GRUR 1981, 164.
243 BGH, Urt. v. 20.2.1997, GRUR 1997, 907, 908; BGH, Urt. v. 10.4.1997, GRUR 1997, 909, 910; Fezer/*Fezer*, § 2 Nr. 3 Rn. D 43; Harte-Bavendamm/Henning-Bodewig/*Keller*, § 2 Rn. 131; Piper/Ohly/Sosnitza/*Sosnitza*, § 2 Rn. 59; Ullmann/*Ernst*, § 2 Rn. 36.
244 Siehe S. 74 ff. dieser Abhandlung.

B. Verbrauchereigenschaft

Zur Konkretisierung des Begriffs „Verbraucher" ist auf die EG-Richtlinie 2005/29/EG[245] zurückzugreifen. Nach Art. 2 lit. a) dieser Richtlinie ist Verbraucher jede natürliche Person, die im Geschäftsverkehr im Sinne dieser Richtlinie zu Zwecken handelt, die nicht ihrer gewerblichen, handwerklichen oder beruflichen Tätigkeit zugerechnet werden können.

§ 2 Voraussetzungen einer wettbewerbsrechtlichen Haftung

Voraussetzungen für eine wettbewerbsrechtliche Haftung sind im Einzelnen eine geschäftliche Handlung (nachfolgend unter Punkt A. geprüft) sowie deren Unzulässigkeit (nachfolgend unter Punkt B. geprüft).

A. Geschäftliche Handlung

Jede auf dem UWG basierende Haftung setzt eine geschäftliche Handlung gemäß § 2 Abs. 1 Nr. 1 UWG voraus.[246] Nach § 2 Abs. 1 Nr. 1 UWG, der im Rahmen der UWG-Reform 2008[247] zur Umsetzung der Lauterkeitsrichtlinie überarbeitet wurde, ist unter einer geschäftlichen Handlung jedes Verhalten einer Person zugunsten des eigenen oder eines fremden Unternehmens zu verstehen, bei oder nach einem Geschäftsabschluss, das mit der Förderung des Absatzes oder des Bezugs von Waren oder Dienstleistungen oder mit dem Abschluss oder der Durchführung eines Vertrags über Waren oder Dienstleistungen objektiv zusammenhängt.

Damit ein Verhalten als geschäftliche Handlung zu qualifizieren ist, muss danach einerseits die Voraussetzung einer objektiven Eignung zur Förderung des Absatzes oder Bezugs des eigenen oder eines fremden Unternehmens erfüllt sein.[248] Andererseits muss zwischen dem in Frage stehenden Verhalten und der Förderung des Absatzes oder des Bezugs ein objektiver Zusammenhang bestehen. Wildplakatierungen von Privatpersonen, die außerhalb des Erwerbslebens stattfinden und Gegenstand des (allgemein-)zivilrechtlichen Teils waren, schei-

---

245 Im Folgenden: Lauterkeitsrichtlinie.
246 Köhler/Bornkamm/*Köhler*, § 2 Rn. 3; Harte-Bavendamm/Henning-Bodewig/*Keller*, § 2 Rn. 2; Ullmann/*Ernst*, § 2 Rn. 2; Piper/Ohly/Sosnitza/*Sosnitza*, § 2 Rn. 4.
247 BGBl. 2008 Teil I Nr. 64 S. 2949 ff.
248 *Köhler*, WRP 2007, 1393, 1394; Köhler/Bornkamm/*Köhler*, § 2 Rn. 37; Harte-Bavendamm/Henning-Bodewig/*Keller*, § 2 Rn. 59; *Saidi*, „Wildes" Plakatieren, S. 85.

den als geschäftliche Handlungen aus und begründen damit keine wettbewerbs-rechtliche Haftung.[249]

Hingegen kann eine geschäftliche Handlung auch in Form eines Unterlas-sens[250] des werbenden Unternehmens auftreten, bei dem das werbende Unternehmen gegen Wildplakatierungen, die durch seine Mitarbeiter mit seinen Plakaten begangen werden, trotz Kenntnis nicht einschreitet (z. B. durch Beseitigung der Plakate, kontrolliertere Ausgabe der Plakate an zuverlässige Mitarbeiter oder Sanktionen gegen den wild plakatierenden Mitarbeiter), sofern das Unterlassen dem positiven Tun aufgrund des Bestehens einer Erfolgsabwendungspflicht, die sich aus Gesetz, Vertrag oder vorangegangenem, Gefahr auslösendem Tun ergibt, gleichgestellt werden kann.[251] Da die abstrakte Gefahr von Wildplakatierungen, die Plakaten eigen ist, für die Begründung einer Erfolgsabwendungspflicht grundsätzlich nicht ausreicht,[252] kann eine derartige Pflicht erst bei einer konkreten Gefahr, wie etwa bereits begangenen, dem werbenden Unternehmen bekannten Wildplakatierungen,[253] angenommen werden. Für die Fälle, in denen eine konkrete Gefahr gegeben ist, gelten die folgenden Ausführungen entsprechend.

I. Objektive Eignung von Wildplakatierungen zur Absatz- oder Bezugsförderung

Wie es bereits dem Rechtsverständnis zum früher verwendeten Begriff der Wettbewerbshandlung, der nunmehr durch den Begriff der geschäftlichen Handlung ersetzt wurde, entsprach, muss das im Streit stehende Verhalten objektiv geeignet sein, den Absatz oder Bezug des eigenen oder eines fremden Unternehmens zu fördern.[254]

---

249 Vgl. Harte-Bavendamm/Henning-Bodewig/*Keller*, § 2 Rn. 41; Münchener Kommentar/*Veil*, UWG, § 2 Rn. 37; Ullmann/*Ernst*, § 2 Rn. 8.

250 Zum Unterlassen als geschäftliche Handlung: BT-Drucks. 16/10145 S. 20; *Kulka*, DB 2008, 1548, 1551; *Lettl*, GRUR-RR 2009, 41, 42; *Sosnitza*, WRP 2008, 1014, 1016; Köhler/Bornkamm/*Köhler*, § 2 Rn. 10; Ullmann/*Ernst*, § 2 Rn. 5.

251 Köhler/Bornkamm/*Köhler*, § 2 Rn. 12; Fezer/*Fezer*, § 2 Nr. 1 Rn. B 62; Ullmann/*Ernst*, § 2 Rn. 5; Piper/Ohly/Sosnitza/*Sosnitza*, § 2 Rn. 20.

252 Vgl. BGH, Urt. v. 15.4.1975, VersR 1975, 812.

253 Vgl. BGH, Urt. v. 12.7.2007, GRUR 2007, 890, 894.

254 *Köhler*, WRP 2007, 1393, 1394; Köhler/Bornkamm/*Köhler*, § 2 Rn. 37; Harte-Bavendamm/Henning-Bodewig/*Keller*, § 2 Rn. 59; *Saidi*, „Wildes" Plakatieren, S. 85.

1. Objektive Eignung zur Absatz- oder Bezugsförderung im Rahmen von Eigenplakatierungen

Die Frage der objektiven Eignung einer geschäftlichen Handlung zur Absatz- oder Bezugsförderung stellt sich zunächst im Zusammenhang mit der Fallgruppe der Eigenplakatierungen.

Begeht ein Mitarbeiter, der angewiesen wurde, Plakate ordnungsgemäß anzubringen und dem zu diesem Zweck Plakate ausgehändigt wurden, weisungswidrig Wildplakatierungen, so sind diese Wildplakatierungen objektiv geeignet, den Absatz des mit den ausgehändigten Plakaten werbenden Unternehmens zu fördern. Nur in Ausnahmefällen ist – abhängig von den Umständen des Einzelfalls – eine objektive Eignung der Wildplakatierungen zur Absatzförderung nicht gegeben. Zu denken ist hierbei insbesondere an Fälle, in denen Plakate eine geschmacklose oder menschenverachtende Werbung zum Inhalt haben, oder an Fälle, in denen Plakate auf Stellen angebracht werden, die zu einer Erregung öffentlichen Ärgernisses führen können (z. B. auf sakralen Einrichtungen). Derartige Wildplakatierungen können zwar auch Aufmerksamkeit erregen, werden aber aufgrund des mit der Wahrnehmung verbundenen negativen Eindrucks oftmals nicht dazu führen, die Wahrnehmenden zu einem Kauf der beworbenen Produkte zu bewegen.

2. Objektive Eignung zur Absatz- oder Bezugsförderung im Rahmen von Auftragsplakatierungen

Die Frage der objektiven Eignung einer geschäftlichen Handlung zur Absatzförderung stellt sich weiterhin im Zusammenhang mit der Fallgruppe der Auftragsplakatierungen.

Da im Gegensatz zu den Fällen der Eigenplakatierung bei den Auftragsplakatierungen zwei Unternehmen involviert sind, das Unternehmen, das die Plakatierungen in Auftrag gibt, und das Unternehmen, das die Plakatierungen, wenn auch auftragswidrig, in Form von Wildplakatierungen ausführt, kommt durch die Wildplakatierungen einerseits die Förderung des Wettbewerbs des werbenden Unternehmens in Betracht, da auch die objektive Eignung zur Förderung des Absatzes eines fremden Unternehmens für eine geschäftliche Handlung ausreicht.[255] Andererseits stellt sich die Frage, ob Wildplakatierungen objektiv geeignet sind, den Wettbewerb des zur Vornahme von Plakatierungen eingeschalteten Unternehmens zu fördern.

---

255 Zur Förderung des Absatzes eines fremden Unternehmens: BGH, Urt. v. 28.9.1999, GRUR 2000, 344, 347; Köhler/Bornkamm/*Köhler*, § 2 Rn. 37; Harte-Bavendamm/Henning-Bodewig/*Keller*, § 2 Rn. 65; *Saidi*, „Wildes" Plakatieren, S. 85.

a) Förderung des Absatzes oder Bezugs des werbenden Unternehmens

Entsprechend der Ausführungen zu den Eigenplakatierungen sind die von dem eingeschalteten Unternehmen auftragswidrig begangenen Wildplakatierungen – vorbehaltlich der aufgezeigten Ausnahmen – grundsätzlich objektiv geeignet, den Absatz des mit den Plakaten werbenden Unternehmens zu fördern.

b) Förderung des Absatzes oder Bezugs des eingeschalteten Unternehmens

Werden externe Unternehmen zur Vornahme von Plakatierungen mit fremden Plakaten eingeschaltet und begehen sie, trotz anders lautender Vorgaben des Auftraggebers, Wildplakatierungen, so ist in der Regel davon auszugehen, dass diese Wildplakatierungen zum Zwecke der Bereicherung des eingeschalteten Unternehmens erfolgen, das durch die fehlende Anmietung von Anschlagsflächen Kosten sparen und dadurch seinen Profit erhöhen will. Eine Eignung zur Förderung des Absatzes des eingeschalteten Unternehmens ist in dieser Verhaltensweise jedoch nicht ersichtlich. Das eingeschaltete Unternehmen kann aufgrund der auftragswidrig begangenen Wildplakatierungen regelmäßig nicht mit weiteren Aufträgen des werbenden Unternehmens rechnen. Eine im Rahmen einer geschäftlichen Handlung erforderliche objektive Eignung zur Absatzförderung scheidet im Hinblick auf den Absatz des eingeschalteten Unternehmen somit grundsätzlich aus.

II. Objektiver Zusammenhang zwischen Wildplakatierungen und Absatzförderung

Eine geschäftliche Handlung i. S. d. § 2 Abs. 1 Nr. 1 UWG erfordert neben der objektiven Eignung zur Absatzförderung einen objektiven Zusammenhang zwischen dem in Frage stehenden Verhalten, vorliegend der Wildplakatierung, und der Absatzförderung, welcher sich aus einer Beeinflussung von Mitbewerberinteressen oder aus einer Beeinflussung von Verbraucherinteressen ergeben kann.[256] An einen objektiven Zusammenhang sind bei typisch absatzfördernden Verhaltensweisen nur geringe Anforderungen zu stellen.[257]

---

256 Vgl. *Köhler*, WRP 2009, 109, 111; Köhler/Bornkamm/*Köhler*, § 2 Rn. 43 u. Rn. 53.
257 Harte-Bavendamm/Henning-Bodewig/*Keller*, § 2 Rn. 69.

1. Objektiver Zusammenhang durch Beeinflussung von Mitbewerberinteressen

Ein objektiver Zusammenhang mit der Förderung des Absatzes ist bei geschäftlichen Handlungen gegenüber Mitbewerbern[258] dann gegeben, wenn das Verhalten den Umständen des Einzelfalls nach aus objektiver Sicht darauf gerichtet ist, den eigenen Absatz durch Beeinflussung der Wettbewerbsinteressen der Mitbewerber zu fördern.[259]

Es stellt sich somit die Frage, ob Wildplakatierungen zu einer Beeinträchtigung der Interessen von Mitbewerbern führen, die einen objektiven Zusammenhang zwischen Wildplakatierungen und Absatzförderung begründet.

Als wettbewerblich geschütztes Interesse von Mitbewerbern kommt dabei das Interesse auf wettbewerbliche Entfaltungsfreiheit in Betracht.[260] Die wettbewerbliche Entfaltungsfreiheit bezieht sich auf alle Handlungsfelder am Markt (z. B. Produktion, Vertrieb, Werbung).[261] Erfolgen Wildplakatierungen in der Form, dass Plakate fremder Unternehmen überklebt werden, so werden diese Unternehmen dadurch in ihrer Werbefreiheit als Teil der wettbewerblichen Entfaltungsfreiheit beeinträchtigt.[262] Darüber hinaus können sie auch den Absatz, der als Wettbewerbsparameter ebenfalls zu den Entfaltungsmöglichkeiten eines Mitbewerbers gehört,[263] des Unternehmens beeinträchtigen, dessen Plakate überklebt werden.

Eine Beeinträchtigung der Absatzfreiheit kommt auch bei Wildplakatierungen in Betracht, bei denen nicht angemietete Anschlagsflächen beklebt werden, ohne fremde Plakate zu überkleben. Dabei reicht es aus, wenn die Beeinträchtigung z. B. branchengleicher Unternehmen nicht unmittelbar durch die Wildplakatierung, sondern erst mittelbar durch die dadurch herbeigeführte Wahrnehmung des wild angebrachten Plakates und die Kaufentscheidung von Interessenten erfolgt, wie der Gesetzgeber des UWG durch die Entscheidung für das den Zusammen-

---

258 Zur Mitbewerbereigenschaft siehe S. 70 ff. dieser Abhandlung.

259 *Köhler*, WRP 2009, 109, 111; Köhler/Bornkamm/*Köhler*, § 2 Rn. 53.

260 Piper/Ohly/Sosnitza/*Sosnitza*, § 1 Rn. 15; *Lettl*, Das neue UWG, Rn. 29; Köhler/Bornkamm/*Köhler*, § 1 Rn. 10.

261 Götting/Nordemann/*Götting*, § 1 Rn. 5; Ullmann/*Ernst*, § 1 Rn. 4; Münchener Kommentar/*Sosnitza*, UWG, § 1 Rn. 24; Köhler/Bornkamm/*Köhler*, § 1 Rn. 10.

262 Zur Werbefreiheit als Teil der wettbewerblichen Entfaltungsfreiheit: Götting/Nordemann/*Götting*, § 1 Rn. 5; Ullmann/*Ernst*, § 1 Rn. 4; Piper/Ohly/Sosnitza/*Sosnitza*, § 1 Rn. 15; Köhler/Bornkamm/*Köhler*, § 1 Rn. 10.

263 Köhler/Bornkamm/*Köhler*, § 4 Rn. 10.6; *Saidi*, „Wildes" Plakatieren, S. 93.

hang konkretisierende Wort „objektiv" anstelle des von der Lauterkeitsrichtlinie vorgegebenen Wortes „unmittelbar" verdeutlicht hat.[264]

Diese Beeinträchtigung der Wettbewerbsinteressen von Mitbewerbern begründet einen objektiven Zusammenhang zwischen den Wildplakatierungen und der dadurch herbeigeführten Absatzförderung des wild plakatierenden Unternehmens in den Fällen der Eigenplakatierung bzw. des werbenden Unternehmens in den Fällen der Auftragsplakatierung. Eine geschäftliche Handlung i. S. d. § 2 Abs. 1 Nr. 1 UWG ist in diesen Fällen somit gegeben.

2. Objektiver Zusammenhang durch Beeinflussung von Verbraucherinteressen

Der für eine geschäftliche Handlung i. S. d. § 2 Abs. 1 Nr. 1 UWG erforderliche objektive Zusammenhang zwischen Wildplakatierungen und Absatzförderung kann auch durch eine Beeinflussung der Interessen von Verbrauchern[265] geschaffen werden. Sofern das UWG Umsetzungsakt der Lauterkeitsrichtlinie ist, die das B2C-Verhältnis (Verhältnis von Mitbewerber und Verbraucher) regelt, muss das UWG in Fällen, die das B2C-Verhältnis betreffen, Erwägungen, die dieser Richtlinie zugrunde liegen, als Auslegungshilfen heranziehen.[266] Nach Erwägungsgrund Nr. 7 der Lauterkeitsrichtlinie muss die Handlung in unmittelbarem Zusammenhang mit der Beeinflussung der geschäftlichen Entscheidungen des Verbrauchers in Bezug auf Produkte stehen und darf nicht vorrangig anderen Zielen dienen.[267] Aus der Formulierung des Erwägungsgrundes Nr. 7 ist zu schließen, dass der für eine geschäftliche Handlung erforderliche objektive Zusammenhang der Zielsetzung bedarf, die geschäftlichen Entscheidungen des Verbrauchers im Hinblick auf Produkte zu beeinflussen.[268] Dieses Kriterium der Zielsetzung ist nicht in einem subjektiven Sinn zu verstehen, da eine geschäftliche Handlung im Gegensatz zum früheren Rechtsverständnis der Wettbewerbshandlung keine Wettbewerbsabsicht mehr voraussetzt.[269] Ein objektiver Zusammenhang erfordert vielmehr einen funktionalen Zusammenhang, so dass das

---

264 Vgl. § 2 Abs. 1 Nr. 1 UWG und Art. 2 d) Lauterkeitsrichtlinie; Fezer/*Fezer*, § 2 Nr. 1 Rn. B 139; Harte-Bavendamm/Henning-Bodewig/*Keller*, § 2 Rn. 56; Köhler/Bornkamm/*Köhler*, § 2 Rn. 53.

265 Zur Verbrauchereigenschaft siehe S. 86 dieser Abhandlung.

266 Harte-Bavendamm/Henning-Bodewig/*Keller*, § 2 Rn. 58; Köhler/Bornkamm/*Köhler*, § 2 Rn. 43.

267 ABl. Nr. L 149/22, 23.

268 Harte-Bavendamm/Henning-Bodewig/*Keller*, § 2 Rn. 68; Köhler/Bornkamm/*Köhler*, § 2 Rn. 45.

269 BT-Drucks. 16/10145 S. 20 f.; *Köhler*, WRP 2009, 109, 111; Köhler/Bornkamm/*Köhler*, § 2 Rn. 46; Fezer/*Fezer*, § 2 Nr. 1 Rn. B 154; Harte-Bavendamm/Henning-Bodewig/*Keller*, § 2 Rn. 68.

Verhalten aus objektiver Sicht unter Beachtung der einzelfallbezogenen Umstände darauf gerichtet sein muss, durch Beeinflussung der geschäftlichen Entscheidung der Verbraucher den Absatz oder Bezug zu fördern.[270] Dabei geht es im Rahmen der Beurteilung einer geschäftlichen Handlung erst einmal nur darum, ob überhaupt eine Beeinflussung der geschäftlichen Entscheidung von Verbrauchern vorliegt. Inwieweit diese Beeinflussung einen bestimmten Unrechtsgehalt aufweist, der eine Haftung nach UWG rechtfertigt, wird erst im Rahmen der noch folgenden Prüfung der Unlauterkeit untersucht.

Unabhängig davon, ob Plakatierungen auf ordnungsgemäß angemieteten Flächen oder in Form von Wildplakatierungen erfolgen, verfolgt Werbung mit Plakaten für Produkte oder Dienstleistungen, die Verbraucher zur Zielgruppe hat, stets die Zielrichtung, die geschäftliche Entscheidung von Verbrauchern zu beeinflussen, da durch die Werbung Verbraucher zum Kauf des Produkts oder zur Inanspruchnahme der Dienstleistung veranlasst werden sollen.

Erfolgen Wildplakatierungen in der Form, dass fremde Plakate überklebt werden, so können Verbraucher zudem in der ihnen zustehenden, lauterkeitsrechtlich geschützten Informationsfreiheit eingeschränkt werden,[271] indem sie an der betroffenen Stelle als Folge der Wildplakatierung von den Produkten oder Dienstleistungen keine Kenntnis mehr erlangen können, die das überklebte Plakat beworben hat. Auch dies kann zu einer Beeinflussung der geschäftlichen Entscheidung von Verbrauchern führen.

In diesen Fällen wird ein objektiver Zusammenhang zwischen Wildplakatierungen und Absatzförderung des wild plakatierenden Unternehmens in den Fällen der Eigenplakatierung bzw. des werbenden Unternehmens in den Fällen der Auftragsplakatierung begründet, so dass eine geschäftliche Handlung i. S. d. § 2 Abs. 1 Nr. 1 UWG gegeben ist.

B. Unzulässigkeit der geschäftlichen Handlungen

Sofern eine Einordnung von Wildplakatierungen als geschäftliche Handlung erfolgt ist, ist für eine wettbewerbsrechtliche Haftung weiterhin die Frage zu klären, ob die Wildplakatierungen unzulässig sind. Die Unzulässigkeit einer geschäftlichen Handlung ist zunächst anhand der gesetzlich normierten, die Gene-

---

270 *Köhler*, WRP 2009, 109, 111; Köhler/Bornkamm/*Köhler*, § 2 Rn. 48; OLG Karlsruhe, Urt. v. 9.7.2009, GRUR-RR 2010, 47, 48.

271 Zum lauterkeitsrechtlichen Schutz der Informationsfreiheit vgl.: Art. 153 Abs. 1 EG und Art. 2 lit. e) Lauterkeitsrichtlinie; vgl. zum UWG: Harte-Bavendamm/Henning-Bodewig/*Schünemann*, § 1 Rn. 69 ff.

ralklausel des § 3 UWG konkretisierenden Beispieltatbestände der §§ 4 ff. UWG und anschließend an der allgemeinen Generalklausel des § 3 UWG zu messen.[272]

I. Unzulässigkeit nach § 4 UWG i. V. m. § 3 UWG

Die wettbewerbsrechtliche Unzulässigkeit von Wildplakatierungen nach § 4 UWG i. V. m. § 3 UWG erfordert einerseits, dass die Wildplakatierungen einen der Beispieltatbestände nach § 4 UWG erfüllen und dadurch als unlauter qualifiziert werden können, andererseits, dass die Grundvoraussetzungen einer wettbewerbsrechtlichen Haftung nach § 3 UWG, nämlich die Eignung zu einer spürbaren Beeinträchtigung der Interessen von Marktteilnehmern, vorliegen.[273]

1. Unlauterkeit nach § 4 UWG

Mit Blick auf die Wildplakatierungen kommen im Rahmen des § 4 UWG der Tatbestand der gezielten Mitbewerberbehinderung nach § 4 Nr. 10 UWG und der Rechtsbruchtatbestand nach § 4 Nr. 11 UWG in Betracht.

a) Gezielte Behinderung von Mitbewerbern nach § 4 Nr. 10 UWG

Nach § 4 Nr. 10 UWG handelt derjenige unlauter, der Mitbewerber gezielt behindert. Dabei kommt als Mitbewerber nur derjenige in Betracht, dessen Mitbewerbereigenschaft im Rahmen der vorangegangenen Ausführungen zum Behinderungswettbewerb bejaht wurde.[274]

Eine Behinderung stellt eine Beeinträchtigung der wettbewerblichen Entfaltungsmöglichkeiten von Mitbewerbern dar.[275] Die wettbewerblichen Entfaltungsmöglichkeiten erfassen, wie im Rahmen der vorangegangenen Ausführungen bereits aufgezeigt, alle Wettbewerbsparameter von Produktion über Absatz

---

272 Köhler/Bornkamm/*Köhler*, § 4 Rn. 0.2 u. Rn. 0.6; Götting/Nordemann/*Götting*, § 4 Rn. 0.1; Piper/Ohly/Sosnitza/*Sosnitza*, § 3 Rn. 14; zum UWG vor dessen Reform 2008 vgl.: Münchener Kommentar/*Sosnitza*, UWG, § 3 Rn. 9.

273 Zum Erfordernis der Voraussetzungen des § 3 UWG im Rahmen der Beispieltatbestände des § 4 UWG: BT-Drucks. 15/1487 S. 17.

274 Siehe S. 74 ff. dieser Abhandlung.

275 BGH, Urt. v. 17.5.2001, GRUR 2001, 1061, 1062; BGH, Urt. v. 2.2.2002, GRUR 2002, 903, 905; BGH, Urt. v. 24.6.2004, GRUR 2004, 877, 879; OLG Köln, Urt. v. 2.7.2010, WRP 2010, 1179, 1180; Köhler/Bornkamm/*Köhler*, § 4 Rn. 10.6; Münchener Kommentar/*Jänich*, UWG, § 4 Nr. 10 Rn. 10; Götting/Nordemann/*Wirtz*, § 4 Rn. 10.6; *Emmerich*, Unlauterer Wettbewerb, § 6 Rn. 5.

bis hin zur Werbung.[276] Die Beeinträchtigung muss dabei nicht eingetreten sein, eine Eignung zur Beeinträchtigung ist ausreichend.[277] Für die Feststellung einer Beeinträchtigung von Mitbewerberinteressen kann weitestgehend auf die Ausführungen zur Beeinträchtigung von Mitbewerberinteressen im Rahmen der Feststellung einer geschäftlichen Handlung verwiesen werden, wonach Wildplakatierungen die Eignung zur Beeinträchtigung von Werbe- und Absatzfreiheit zukommt.[278]

Allerdings ist nicht schon jede wettbewerbsbeeinträchtigende Handlung für sich gesehen unlauter, da sich diese auch im Rahmen des zulässigen Wettbewerbs halten kann; vielmehr setzt die Wettbewerbswidrigkeit einer Handlung weitere Umstände voraus, die in unlauterer Weise auf den Wettbewerb des Mitbewerbers einwirken.[279] Ein solcher Umstand ist im Rahmen des § 4 Nr. 10 UWG in dem Merkmal der Zielgerichtetheit zu sehen.

Zu klären ist in diesem Zusammenhang zunächst, welche Anforderungen an das Merkmal der Zielgerichtetheit zu stellen sind. Fest steht, dass durch das Merkmal der Zielgerichtetheit i. S. d. § 4 Nr. 10 UWG die Fälle aus dem Anwendungsbereich des § 4 Nr. 10 UWG ausscheiden sollen, in denen die Behinderung eines Mitbewerbers eine bloße Folge des Wettbewerbs darstellt.[280] Darüber hinausgehende Anforderungen an das Merkmal der Zielgerichtetheit bedürfen einer eingehenderen Untersuchung.

In der Vergangenheit und zum Teil auch heute noch wurde bzw. wird von vereinzelten Stimmen vertreten, dass das Merkmal der Zielgerichtetheit ein subjektives Element in Form einer Absicht erfordere.[281] Eine rein an objektiven Kriterien ausgerichtete Feststellung oder eine Bejahung der Zielgerichtetheit bei subjektiven Elementen unterhalb der Absichtsschwelle seien danach abzulehnen.

Im Gegensatz dazu wird – teilweise in Abwendung von der subjektiven Ansicht – eine Behinderung mehrheitlich dann als gezielt angesehen, wenn bei ob-

---

276 OLG Köln, Urt. v. 2.7.2010, WRP 2010, 1179, 1180; Ullmann/*Ernst*, § 4 Rn. 26; Münchener Kommentar/*Jänich*, UWG, § 4 Nr. 10 Rn. 10; Köhler/Bornkamm/*Köhler*, § 4 Rn. 10.6; *Saidi*, „Wildes" Plakatieren, S. 93.

277 Köhler/Bornkamm/*Köhler*, § 4 Rn. 10.6; Götting/Nordemann/*Wirtz*, § 4 Rn. 10.6; *Saidi*, „Wildes" Plakatieren, S. 93.

278 Siehe S. 90 f. dieser Abhandlung.

279 BGH, Urt. v. 17.5.2001, BGHZ 148, 1, 5; BGH, Urt. v. 21.2.2002, GRUR 2002, 902, 905; Münchener Kommentar/*Jänich*, UWG, § 4 Nr. 10 Rn. 10; Harte-Bavendamm/Henning-Bodewig/*Omsels*, § 4 Nr. 10 Rn. 14; Fezer/*Götting*, § 4-10 Rn. 19.

280 BT-Drucks. 15/1487 S. 19; BGH, Urt. v. 11.1.2007, GRUR 2007, 800, 802 Rn. 22.

281 Harte-Bavendamm/Henning-Bodewig/*Omsels*, § 4 Rn. 7 (1. Auflage); *Omsels*, WRP 2004, 136, 139 ff.; Fezer/*Götting*, § 4-10 Rn. 21, der sowohl in der Vorauflage aus dem Jahr 2005 als auch in der aktuellen Auflage aus dem Jahr 2010 an dieser Ansicht festhält; Münchener Kommentar/*Jänich*, UWG, § 4 Nr. 10 Rn. 12.

jektiver Würdigung aller Umstände die Maßnahme in erster Linie nicht auf die Förderung der eigenen wettbewerblichen Entfaltung, sondern auf die Beeinträchtigung der wettbewerblichen Entfaltung des Mitbewerbers gerichtet ist oder wenn die Behinderung derart ist, dass der beeinträchtigte Mitbewerber seine Leistung am Markt durch eigene Anstrengung nicht mehr in angemessener Weise zur Geltung bringen kann.[282] Danach ist eine Behinderungsabsicht nicht zwingend erforderlich, kann bei Vorliegen jedoch ein Indiz für die Annahme der Zielgerichtetheit darstellen.[283]

Für die zuletzt aufgezeigte Ansicht spricht zunächst die Gesetzesbegründung des Bundestags im Zusammenhang mit der UWG-Reform 2004. Laut Gesetzesbegründung war beabsichtigt, durch § 4 Nr. 10 UWG an die frühere Rechtsprechung[284] zur individuellen Behinderung unter § 1 a. F. anzuknüpfen.[285] Bestätigt wird diese Absicht durch die neuere Rechtsprechung, die an der Fortführung dieser früheren Rechtsprechung festhält.[286] Weiteres Argument für letztgenannte Ansicht ist die Systematik des § 4 UWG. § 4 UWG hat die Fixierung des zu § 1 a. F. entwickelten Richterrechts zum Gegenstand; diesem war jedoch eine Aufspaltung in absichtliche und sonstige Behinderungen fremd.[287]

Mit Blick auf die Wildplakatierungen stellt sich somit die Frage, welche Wildplakatierungen den Beispieltatbestand des § 4 Nr. 10 UWG erfüllen. Dabei gelten die folgenden Ausführungen ebenso für ein Nichteinschreiten des werbenden Unternehmens gegen ihm bekannte und mit seinen Plakaten begangene Wildplakatierungen.

282 BGH, Urt. v. 17.5.2001, GRUR 2001, 1061, 1062; BGH, Urt. v. 21.2.2002, WRP 2002, 1050, 1053; BGH, Urt. v. 11.1.2007, GRUR 2007, 800, 802 Rn. 23; OLG Köln, Urt. v. 2.9.2005, GRUR-RR 2006, 19; Piper/Ohly/Sosnitza/*Ohly*, § 4.10 Rn. 10/9; Harte-Bavendamm/Henning-Bodewig/*Omsels*, § 4 Nr. 10 Rn. 14; Köhler/Bornkamm/*Köhler*, § 4 Rn. 10.7 u. Rn. 10.10; Götting/Nordemann/*Wirtz*, § 4 Rn. 10.7; Ullmann/*Müller-Bidinger/Seichter*, § 4 Nr. 10 Rn. 27; Gloy/Loschelder/Erdmann/*Hasselblatt*, § 57 Rn. 9 f.
283 Köhler/Bornkamm/*Köhler*, § 4 Rn. 10.9; Piper/Ohly/Sosnitza/*Ohly*, § 4.10 Rn. 10/11; *Emmerich*, Unlauterer Wettbewerb, § 6 Rn. 5; Gloy/Loschelder/Erdmann/*Hasselblatt*, § 57 Rn. 10.
284 Vgl. BGH, Urt. v. 17.5.2001, GRUR 2001, 1061, 1062; BGH, Urt. v. 21.2.2002, WRP 2002, 1050, 1053.
285 BT-Drucks 15/1487 S. 19; Köhler/Bornkamm/*Köhler*, § 4 Rn. 10.7; Piper/Ohly/Sosnitza/*Ohly*, § 4.10 Rn. 10/9;
286 OLG Köln, Urt. v. 2.9.2005, GRUR-RR 2006, 19; BGH, Urt. v. 11.1.2007, GRUR 2007, 800, 802 Rn. 23.
287 Piper/Ohly/Sosnitza/*Ohly*, § 4.10 Rn. 10/9.

aa) Überkleben fremder Plakate

Unzweifelhaft ist, dass Wildplakatierungen in Form des Überklebens der Plakate von Mitbewerbern eine Behinderung der Mitbewerber in ihrer Werbung für Produkte darstellen. Eine Verwirklichung des § 4 Nr. 10 UWG erfordert darüber hinaus, dass diese Behinderung gezielt erfolgt.

Lässt sich die primäre Zielrichtung der Wildplakatierung auf Beeinträchtigung der Werbefreiheit des Mitbewerbers nicht schon aus den objektiven Umständen entnehmen, z. B. mehrmaliges Überkleben von Plakaten desselben Mitbewerbers an verschiedenen Stellen, so kann eine nachweisbare Behinderungsabsicht des wild plakatierenden Unternehmens ein Indiz für die Zielgerichtetheit darstellen.

Kann ein primär auf Mitbewerberbehinderung gerichtetes Ziel der Wildplakatierung nicht festgestellt werden, z. B. weil es dem wild plakatierenden Unternehmen nur darauf ankommt, sein Plakat an einer bestimmten Stelle anzubringen, ohne darauf zu achten, ob er dadurch Mitbewerber behindert, kann eine Zielgerichtetheit nach § 4 Nr. 10 UWG auch in den Fällen bejaht werden, in denen der durch die Wildplakatierungen beeinträchtigte Mitbewerber seine Leistung am Markt durch eigene Anstrengung nicht mehr in angemessener Weise zur Geltung bringen kann. Dies ist beispielsweise anzunehmen, wenn Plakate desselben Mitbewerbers, wenn auch nur versehentlich, überklebt werden, da potenzielle Kunden durch diese Wildplakatierungen nicht mehr auf die mittels der überklebten Plakate beworbenen Produkte aufmerksam werden können und die Informationsmöglichkeit dieser Kunden dadurch beschränkt werden kann.[288]

bb) Wildplakatierungen auf nicht angemieteten Anschlagsflächen

Durch Wildplakatierungen auf nicht angemieteten Anschlagsflächen, durch die keine fremden Plakate überklebt werden, soll primär nicht auf den Wettbewerb von ebenfalls Plakatwerbung betreibenden Mitbewerbern oder die Anschlagsflächen vermietenden Unternehmen eingewirkt, sondern in erster Linie der eigene Wettbewerb des wild plakatierenden Unternehmens gefördert werden. Zweck des auf diese Art wild plakatierenden Unternehmens ist es vor allem, seine Plakate vermehrt an exponierten, werbewirksamen Stellen ohne zusätzlichen Kostenaufwand anzubringen. Auch vor dem Hintergrund, die Leistung am Markt durch eigene Anstrengung in angemessener Weise nicht mehr zur Geltung bringen zu können, kann eine Zielgerichtetheit i. S. d. § 4 Nr. 10 UWG zumindest gegenüber anderen Plakatwerbung betreibenden Unternehmen nicht bejaht werden. Abweichend könnte die Frage der Zielgerichtetheit vor diesem Hintergrund

---

288 Köhler/Bornkamm/*Köhler*, § 4 Rn. 10.10.

jedoch gegenüber den Nutzungsberechtigten (Eigentümer oder Werbeflächenagentur) der Anschlagsfläche zu beurteilen sein. Abhängig von den Umständen des Einzelfalls kann eine Behinderung der Geltendmachung der Leistung, also der Vermietung von Anschlagsflächen, am Markt durch eigene Anstrengung z. B. eintreten, wenn aufgrund der repräsentativen Lage der Anschlagsfläche wiederholt Wildplakatierungen auf derselben Anschlagsfläche vorgenommen werden.

b) Rechtsbruchtatbestand nach § 4 Nr. 11 UWG

Die Unlauterkeit von Wildplakatierungen kann sich auch aus dem speziellen Unlauterkeitstatbestand des § 4 Nr. 11 UWG ergeben. Der Rechtsbruchtatbestand nach § 4 Nr. 11 UWG ist dann erfüllt, wenn einer gesetzlichen Vorschrift zuwider gehandelt wird, die auch dazu bestimmt ist, im Interesse der Marktteilnehmer das Marktverhalten zu regeln. Erforderlich ist, dass die gesetzliche Vorschrift, der zuwider gehandelt wird, einen Bezug zur Lauterkeit des Wettbewerbs aufweist.[289] Seit der Entscheidung „Abgasemissionen"[290] des BGH aus dem Jahr 2000 hat der BGH für eine Unlauterkeit nach § 1 UWG a. F. (§ 4 Nr. 11 UWG n. F.) gefordert, dass die betroffene Vorschrift eine wenigstens sekundäre, wettbewerbsbezogene Schutzfunktion dahingehend haben muss, gemäß dem Schutzzweck des § 1 UWG auch die Lauterkeit des Wettbewerbs zu schützen.[291]

Zwar wurde die Auffassung des BGH zur Unlauterkeit nach § 1 UWG a. F. (§ 4 Nr. 11 UWG n. F.) teilweise vor dem Hintergrund kritisiert, dass ein Verstoß gegen Marktzutrittsregelungen, die nicht zugleich auch eine Marktverhaltensregelung darstellen, eine Unlauterkeit nach § 4 Nr. 11 UWG nicht begründen könne und zudem eine Abgrenzung von Marktzutrittsregelungen zu Marktverhaltensregelungen in vielen Fällen kaum möglich sei.[292] Diese Kritik dürfte durch die zwischenzeitlich erfolgte, ausdrückliche Anlehnung des Regierungsentwurfs[293] zu § 4 Nr. 11 UWG n. F. an die Entscheidung „Elektroarbeiten"[294] des BGH aus dem Jahr 2002, die für eine wettbewerbsrechtliche Unlauterkeit eben-

289 *Ullmann*, GRUR 2003, 817, 821.
290 BGH, Urt. v. 11.5.2000, GRUR 2000, 1076, 1079.
291 BT-Drucks. 15/1487 S. 19; BGH, Urt. v. 11.5.2000, GRUR 2000, 1076, 1079; BGH, Urt. v. 25.4.2002, GRUR 2002, 825, 826; BGH, Urt. v. 26.9.2002, GRUR 2003, 164, 165; BGH, Urt. v. 2.10.2003, GRUR 2004, 247, 249; *Sack*, WRP 2004, 1307, 1312; Harte-Bavendamm/Henning-Bodewig/*v. Jagow*, § 4 Nr. 11 Rn. 41; Piper/Ohly/Sosnitza/*Ohly*, § 4.11 Rn. 11/14.
292 *Haslinger*, WRP 2002, 1023, 1026 ff.; *Doepner*, WRP 2003, 1292, 1298 ff.; Harte-Bavendamm/Henning-Bodewig/*v. Jagow*, § 4 Nr. 11 Rn. 23.
293 BT-Drucks. 15/1487 S. 19.
294 BGH, Urt. v. 25.4.2002, GRUR 2002, 824 ff.

falls auf eine Marktverhaltensregelung mit zumindest sekundärer wettbewerbsbezogener Schutzfunktion abstellt,[295] sowie die damit einhergehende Bestätigung der BGH-Rechtsprechung durch den Gesetzgeber jedoch als überholt angesehen werden.

Zur Beantwortung der Frage, ob im konkreten Fall gegen eine Marktverhaltensregelung verstoßen wurde, die eine wenigstens sekundäre, wettbewerbsbezogene Schutzfunktion in vorgenanntem Sinne hat, ist der Normzweck einer jeden Vorschrift im Wege der Auslegung festzustellen.[296] Vorschriften ohne jeglichen Marktbezug werden von vornherein nicht von § 4 Nr. 11 UWG erfasst.[297]

Die Frage der Einordnung als Marktverhaltensregelung i. S. d. § 4 Nr. 11 UWG stellt sich vorliegend zunächst im Hinblick auf die Vorschriften des Bürgerlichen Gesetzbuches, die im 1. Teil dieser Abhandlung untersucht wurden. Darüber hinaus könnten Vorschriften des Straßen- und Wegerechts oder des Straßenverkehrsrechts durch Wildplakatierungen verletzt sein, weshalb auch die Einordnung dieser Vorschriften als Marktverhaltensregelungen i. S. d. § 4 Nr. 11 UWG fraglich ist.

aa) Vorschriften des Bürgerlichen Gesetzbuches

Wie bereits im (allgemein-)zivilrechtlichen Teil dieser Abhandlung festgestellt, können Wildplakatierungen gegen die zivilrechtlichen Vorschriften des § 812 Abs. 1 S. 1 2. Alt. BGB, § 823 Abs. 1 BGB, § 823 Abs. 2 BGB i. V. m. § 303 StGB, § 831 Abs. 1 BGB, § 861 Abs. 1 BGB, § 862 Abs. 1 BGB, § 985 BGB, § 992 BGB und § 1004 Abs. 1 BGB verstoßen. Diesen Vorschriften, die vorliegend alle dem Schutz des Eigentums oder des Besitzes dienen, kommt keine marktbezogene Schutzfunktion zu.[298] Daher sind Wildplakatierungen nicht unlauter i. S. d. § 4 Nr. 11 UWG, wenn durch diese gegen die aufgezeigten zivilrechtlichen Vorschriften verstoßen wird.

---

295 BGH, Urt. v. 25.4.2002, GRUR 2002, 824, 826.
296 Fezer/*Götting*, § 4-11 Rn. 64; Götting/Nordemann/*Ebert-Weidenfeller*, § 4 Rn. 11.45.
297 Heidelberger Kommentar/*Kotthoff*, § 4 Rn. 562; *Köhler*, GRUR 2004, 381, 384; Fezer/*Götting*, § 4-11 Rn. 64; Köhler/Bornkamm/*Köhler*, § 4 Rn. 11.36; *Saidi*, „Wildes" Plakatieren, S. 125.
298 Zu Eigentumsschutzvorschriften siehe: BGH, Urt. v. 16.3.2006, GRUR 2006, 879, 880; Köhler/Bornkamm/*Köhler*, § 4 Rn. 11.43; *Saidi*, „Wildes" Plakatieren, S. 132; zu Besitzschutzvorschriften siehe: *Saidi*, „Wildes" Plakatieren, S. 131 f.; zum Eigentumsschutzcharakter des § 303 StGB siehe: Schönke/Schröder/*Stree/Hecker*, § 303 Rn. 1; Leipziger Kommentar/*Wolff*, § 303 Rn. 1; *Saidi*, „Wildes" Plakatieren, S. 133.

bb) Vorschriften des Straßen- und Wegerechts und des Straßenverkehrsrechts

Darüber hinaus können Wildplakatierungen auch einen Vorstoß gegen das Straßen- und Wegerecht darstellen. Denkbar sind Verstöße gegen Straßen- und Wegegesetze auf Landesebene z. B. in der Form, dass Plakatierungen, obwohl sie erlaubnispflichtige Sondernutzungen darstellen, ohne die erforderliche Erlaubnis im öffentlichen Straßenraum vorgenommen werden. Zudem gibt es auch eine Vielzahl von Verordnungen auf Kommunalebene, die unbefugtes Plakatieren auf und an öffentlichen Straßen zum Gegenstand haben.[299] Allerdings begründen auch Verstöße gegen diese Vorschriften keine Unlauterkeit nach § 4 Nr. 11 UWG, da es sich bei Vorschriften des Straßen- und Wegerechts um keine Marktverhaltensregelungen handelt,[300] sondern diese vielmehr der Leichtigkeit und Sicherheit des Verkehrs[301] sowie einer geregelten Nutzung des öffentlichen Verkehrsraums[302] dienen.

In Betracht kommt weiterhin ein Verstoß durch Wildplakatierungen gegen Vorschriften des Straßenverkehrsrechts, insbesondere gegen § 33 Abs. 2 S. 2 StVO, indem z. B. Werbeplakate in unzulässiger Weise an Verkehrszeichen oder Verkehrsampeln angebracht werden. Auch in diesem Fall scheidet jedoch eine Einordnung als Marktverhaltensregelung i. S. d. § 4 Nr. 11 UWG aus, da Vorschriften des Straßenverkehrsrechts lediglich der Sicherheit im Straßenverkehr dienen und daher ebenfalls keine wettbewerbsbezogene Schutzfunktion haben.[303]

---

299 Polizeiverordnung der Stadt Karlsruhe über das Verbot des unbefugten Plakatierens und Beschriftens; Gefahrenabwehrverordnung über das unbefugte Plakatieren, Beschriften, Bemalen und Besprühen auf bzw. an öffentlichen Straßen und in öffentlichen Anlagen im Gebiet der Stadt Mainz; Gefahrenabwehrverordnung der Stadt Oberursel (Taunus) über aggressives und organisiertes Betteln, wildes Zelten und Nächtigen, Lärmbelästigung durch Straßenmusik sowie wildes Plakatieren, Beschriften, Bemalen und Besprühen.

300 Fezer/*Götting*, § 4-11 Rn. 75; *Nordemann*, Wettbewerbsrecht, Rn. 832; Köhler/Bornkamm/*Köhler*, § 4 Rn. 11.41; Piper/Ohly/*Ohly*, § 4.11 Rn. 11/17; *Saidi*, „Wildes" Plakatieren, S. 133f.; vgl. zum Schutzzweck des Hessischen Straßengesetzes: BGH, Urt. v. 11.5.2006, GRUR 2006, 872, 872f.; OLG Frankfurt a.M., Urt. v. 2.10.2003, GRUR-RR 2004, 56, 57; *Lettl*, GRUR-RR 2004, 225, 227.

301 Fezer/*Götting*, § 4-11 Rn. 75; *Köhler*, GRUR 2004, 381, 384; Köhler/Bornkamm/*Köhler*, § 4 Rn. 11.41; Piper/Ohly/*Ohly*, § 4.11 Rn. 11/17; *Saidi*, „Wildes" Plakatieren, S. 133f.; vgl. zum Schutzzweck des Hessischen Straßengesetzes: BGH, Urt. v. 11.5.2006, GRUR 2006, 872, 872f.; zum Schutzzweck des Straßengesetzes des Landes Nordrhein-Westfalen: BVerwG, Urt. v. 7.6.1978, NJW 1978, 1937.

302 OLG Frankfurt a.M., Urt. v. 2.10.2003, GRUR-RR 2004, 56, 57; *Lettl*, GRUR-RR 2004, 225, 227.

303 LG Kiel, Urt. v. 30.11.2004, GRUR 2005, 446; Piper/Ohly/*Ohly*, § 4.11 Rn. 11/17; Köhler/Bornkamm/*Köhler*, § 4 Rn. 11.41; *Saidi*, „Wildes" Plakatieren, S. 134.

2. Eignung zur spürbaren Beeinträchtigung der Interessen von Mitbewerbern nach § 3 UWG

Kann die Unlauterkeit von Wildplakatierungen nach § 4 Nr. 10 UWG bejaht werden, erfordert die Unzulässigkeit dieser unlauteren geschäftlichen Handlung weiterhin das Vorliegen der Merkmale des § 3 Abs. 1 UWG, also die Eignung zur spürbaren Beeinträchtigung der Interessen von Marktteilnehmern.[304] Dem von § 4 Nr. 10 UWG geforderten Merkmal der gezielten Behinderung von Mitbewerbern ist jedoch bereits ein gewisses Maß an Spürbarkeit der Beeinträchtigung von Mitbewerberinteressen eigen und eine spürbare Beeinträchtigung damit tatbestandsimmanent.[305] Daher sind die weiteren, von § 3 Abs. 1 BGB geforderten Merkmale nicht noch einmal gesondert zu prüfen.[306] In den Fällen des § 4 Nr. 10 UWG kann somit die Unlauterkeit von Wildplakatierungen mit der Unzulässigkeit derselben gleichgesetzt werden.

II. Unzulässigkeit gemäß § 3 UWG als Generalklausel

Können Wildplakatierungen nicht als unlauter i. S. d. § 4 UWG eingestuft werden, ist zu klären, inwieweit diese geschäftlichen Handlungen über § 4 UWG hinaus unlauter bzw. unzulässig sind. Da die in § 4 UWG aufgezählten Unlauterkeitstatbestände keine abschließenden Beispieltatbestände sind,[307] beurteilt sich diese Frage anhand der Generalklausel des § 3 UWG. § 3 UWG stellt insoweit einen Auffangtatbestand dar.[308]

Die Unzulässigkeit der Wildplakatierungen kann sich vorliegend mangels Eingreifen eines Tatbestands aus der schwarzen Liste (i. V. m. § 3 Abs. 3 UWG) nur aus § 3 Abs. 2 UWG oder aus § 3 Abs. 1 UWG ergeben.

Da Wildplakatierungen, wie bereits im Rahmen der Ausführungen zur geschäftlichen Handlung aufgezeigt, Auswirkungen sowohl auf Verbraucher[309] als auch auf Mitbewerber[310] haben können, und somit für die Prüfung der Unzuläs-

---

304 *Kulka*, DB 2008, 1548, 1554; *Emmerich*, Unlauterer Wettbewerb, § 5 Rn. 44.

305 Vgl. *Köhler*, WRP 2009, 109, 113.

306 BGH, Urt. v. 5.2.2009, GRUR 2009, 876, 878 Rn. 26; Köhler/Bornkamm/*Köhler*, § 3 Rn. 146 u. § 4 Rn. 10.3; Harte-Bavendamm/Henning-Bodewig/*Schünemann*, § 3 Rn. 423.

307 BT-Drucks. 15/1487 S. 17; Köhler/Bornkamm/*Köhler*, § 4 Rn. 0.2; Harte-Bavendamm/Henning-Bodewig/*Schünemann*, § 3 Rn. 77; Heidelberger Kommentar/*Plaß*, § 4 Rn. 596; Münchener Kommentar/*Sosnitza*, UWG, § 3 Rn. 9.

308 BT-Drucks. 15/1487 S. 13 u. S. 16; OLG Hamburg, Urt. v. 16.9.2004, AfP 2004, 561, 563; *Köhler*, GRUR-RR 2007, 129, 130; Köhler/Bornkamm/*Köhler*, § 3 Rn. 64; Harte-Bavendamm/Henning-Bodewig/*Schünemann*, § 3 Rn. 77; Münchener Kommentar/*Sosnitza*, UWG, § 3 Rn. 9.

309 Zur Verbrauchereigenschaft siehe S. 86 dieser Abhandlung.

310 Zur Mitbewerbereigenschaft siehe S. 70 ff. dieser Abhandlung.

sigkeit sowohl § 3 Abs. 2 S. 1 UWG als auch § 3 Abs. 1 UWG in Betracht kommen, stellt sich zunächst die Frage nach dem Verhältnis dieser beiden Regelungen zueinander.

1. Verhältnis von § 3 Abs. 2 S. 1 UWG zu § 3 Abs. 1 UWG

Im Hinblick auf das Verhältnis zwischen § 3 Abs. 2 S. 1 UWG und § 3 Abs. 1 UWG werden verschiedene Ansichten vertreten. Diese reichen von (i) der ausschließlichen Maßgeblichkeit des § 3 Abs. 2 S. 1 UWG im B2C-Bereich,[311] über (ii) die gemeinsame Anwendung der § 3 Abs. 2 UWG und § 3 Abs. 1 UWG im B2C-Bereich,[312] bis hin zu der Ansicht, dass (iii) § 3 Abs. 2 S. 1 UWG wegen der Identität des Regelungsinhalts mit § 3 Abs. 1 UWG überflüssig sei.[313] Während die Ansicht unter (i) vor allem aufgrund der Widersprüchlichkeit zur Systematik des UWG[314] und die Ansicht unter (iii) aufgrund des Widerspruchs zu dem Willen des Gesetzgebers[315] und der mit der Umsetzung in § 3 Abs. 2 UWG beabsichtigten Integration der Merkmale, die von Art. 5 Abs. 2 Lauterkeitsrichtlinie vorgegeben sind, abzulehnen ist,[316] liegt die Schwachstelle der unter (ii) dargestellten Ansicht darin, dass sie nicht klar aufzeigt, ob und ggf. welche Rolle § 3 Abs. 2 S. 1 UWG bei den Fällen der §§ 4 Nr. 1-6, 5, 5a Abs. 2 UWG, die Unlauterkeitsbeispiele i. S. d. § 3 Abs. 1 UWG darstellen, spielt.[317] Diese Schwachstelle vermeidet eine weitere Ansicht dadurch, dass sie § 3 Abs. 2 S. 1 UWG als Auffangnorm lediglich auf die Fälle aus dem B2C-Bereich anwenden will, die nicht bereits durch § 3 Abs. 3 UWG i. V. m. der schwarzen Liste oder durch einen Tatbestand der §§ 4 Nr. 1-5, 5 oder 5a UWG erfasst sind (Ausnahme § 5a Abs. 2 UWG, der auf § 3 Abs. 2 UWG verweist).[318] Für § 3 Abs. 1 UWG bleibt darüber hinaus nur der Anwendungsbereich auf geschäftliche Handlungen gegenüber Mitbewerbern und sonstigen Marktteilnehmern.[319] Da diese Ansicht den gesetzgeberischen Willen beachtet und eine Konformität mit der Systematik des UWG aufweist, ist dieser Ansicht der Vorzug zu geben.

---

311 *Fezer*, WRP 2010, 677, 683 f.; Fezer/*Fezer*, § 3 Rn. 31; Ullmann/*Ullmann*, § 3 Rn. 7; Götting/Nordemann/*Wirtz*, § 3 Rn. 10.
312 Piper/Ohly/Sosnitza/*Sosnitza*, § 3 Rn. 80.
313 *Scherer*, WRP 2010, 586, 592.
314 *Scherer*, WRP 2010, 586, 590; *Köhler*, WRP 2010, 1293, 1297.
315 BT-Drucks. 16/10145 S. 22.
316 *Fezer*, WRP 2010, 677, 679; *Köhler*, WRP 2010, 1293, 1296.
317 *Köhler*, WRP 2010, 1293, 1296.
318 *Köhler*, WRP 2010, 1293, 1298.
319 Köhler/Bornkamm/*Köhler*, § 3 Rn. 9.

Da Wildplakatierungen keinen Tatbestand des § 3 Abs. 3 UWG i. V. m. der schwarzen Liste erfüllen, die Handlungen gegenüber Verbrauchern auflistet, deren Verwirklichung stets – ohne Erfordernis weiterer Tatbestandsvoraussetzungen – unzulässig wäre,[320] und auch ein Tatbestand der §§ 4 Nr. 1-5, 5 oder 5a UWG vorliegend nicht gegeben ist, bestimmt sich die Unzulässigkeit von Wildplakatierungen im Falle einer Beeinträchtigung von Verbraucherinteressen einzig nach § 3 Abs. 2 S. 1 UWG. Sofern Wildplakatierungen Auswirkungen auf Mitbewerberinteressen, also den B2B-Bereich, haben, hat eine Prüfung der Unzulässigkeit der Wildplakatierungen nach § 3 Abs. 1 BGB zu erfolgen.

2. Unzulässigkeit nach § 3 Abs. 2 S. 1 UWG

Nach § 3 Abs. 2 S. 1 UWG sind geschäftliche Handlungen gegenüber Verbrauchern jedenfalls dann unzulässig, wenn sie nicht der für den Unternehmer geltenden fachlichen Sorgfalt entsprechen und dazu geeignet sind, die Fähigkeit des Verbrauchers, sich auf Grund von Informationen zu entscheiden, spürbar zu beeinträchtigen und ihn damit zu einer geschäftlichen Entscheidung zu veranlassen, die er andernfalls nicht getroffen hätte. Diese Vorschrift ist, wie auch § 3 Abs. 1 UWG, zweigliedrig aufgebaut, indem zunächst ein unlauteres Verhalten und dann eine spürbare Auswirkung auf die Verbraucher gefordert wird.[321]

a) Verstoß gegen fachliche Sorgfaltspflicht

Die Feststellung der Unzulässigkeit der Wildplakatierungen erfordert nach § 3 Abs. 2 S. 1 UWG zunächst einen Verstoß gegen die fachliche Sorgfaltspflicht der mit Plakaten werbenden oder diese wenigstens anbringenden Unternehmen (Werbeagentur bzw. Plakatierunternehmen). Der Begriff der fachlichen Sorgfalt ist in § 2 Abs. 1 Nr. 7 UWG als der Standard an Fachkenntnissen und Sorgfalt definiert, von dem billigerweise angenommen werden kann, dass ein Unternehmer ihn in seinem Tätigkeitsbereich gegenüber Verbrauchern nach Treu und Glauben unter Berücksichtigung der Marktgepflogenheiten einhält.

Wildplakatierungen widersprechen, egal in welcher Form, der Sorgfalt, die von einem plakatierenden Unternehmen, dessen Plakatierung in der Öffentlichkeit auch Verbrauchern gegenüber Wirkung entfaltet, nach Treu und Glauben erwartet werden kann. Daran ist auch bei Berücksichtigung der Marktgepflogen-

---

320 Vgl. Köhler/Bornkamm/*Köhler*, Anh zu § 3 III Rn. 0.1 und Rn. 0.10; Piper/Ohly/Sosnitza/*Sosnitza*, Anhang zu § 3 Abs. 3 Rn. 2.

321 Harte-Bavendamm/Henning-Bodewig/*Schünemann*, § 3 Rn. 431 f.; Köhler/Bornkamm/*Köhler*, § 3 Rn. 10.

heiten festzuhalten. Denn selbst wenn Wildplakatierungen aufgrund der Häufigkeit ihres Vorkommens und der Üblichkeit als Marktgepflogenheit angesehen werden könnten, woran allerdings erhebliche Zweifel bestehen, ist unter Marktgepflogenheit i. S. d. § 2 Abs. 1 Nr. 7 UWG doch nur eine „anständige Gepflogenheit" zu verstehen.[322] Als „anständige Gepflogenheit" sind Wildplakatierungen jedoch auf keinen Fall anzusehen. Wildplakatierungen stellen somit Verstöße gegen die fachliche Sorgfalt i. S. d. § 3 Abs. 2 S. 1 UWG dar.

b) Eignung zur spürbaren Beeinträchtigung der Entscheidungsfähigkeit des Verbrauchers sowie zur Beeinflussung seiner geschäftlichen Entscheidung

Über den Verstoß gegen die fachliche Sorgfaltspflicht hinaus setzt eine Unzulässigkeit nach § 3 Abs. 2 S. 1 UWG die Eignung der geschäftlichen Handlung voraus, die Entscheidungsfähigkeit von Verbrauchern zu beeinträchtigen und dadurch die geschäftliche Entscheidung derselben zu beeinflussen. Da § 3 Abs. 2 S. 1 UWG nur von einer Eignung zur Beeinträchtigung der Entscheidungsfähigkeit und zur Beeinflussung des geschäftlichen Verhaltens von Verbrauchern spricht, ist ein positiver Nachweis einer Beeinträchtigung nicht erforderlich.[323]

Zunächst stellt sich somit die Frage, ob die geschäftliche Handlung geeignet ist, die Fähigkeit des Verbrauchers, sich auf Grund von Informationen zu entscheiden, spürbar zu beeinträchtigen. Unter dieser Fähigkeit des Verbrauchers ist die Fähigkeit zu einer selbstbestimmten, rational-kritischen Entscheidung aufgrund der zur Verfügung stehenden Informationen zu verstehen.[324] Der Verbraucher soll insbesondere davor bewahrt werden, eine andere als eine informierte Wahl zu treffen.[325]

Plakatwerbung verfolgt, wie bereits im Rahmen der geschäftlichen Handlung festgestellt, die Zielrichtung, die geschäftliche Entscheidung von Verbrauchern zu beeinflussen. Diese grundsätzlich legitime Zielrichtung hat für sich gesehen noch nicht zur Folge, dass dadurch auch die Fähigkeit des Verbrauchers, sich auf Grund von Informationen zu entscheiden, spürbar beeinträchtigt wird. Zwar sind Wildplakatierungen in Form des Überklebens fremder Plakate geeignet, in die Verbrauchern zustehende, lauterkeitsrechtlich geschützte Informationsfreiheit einzugreifen, indem Verbraucher an der von der Wildplakatierung betroffenen Stelle von den Produkten oder Dienstleistungen keine Kenntnis mehr erlangen

---

322 Vgl. BT-Drucks. 15/1487 S. 16; BT-Drucks. 16/10145 S. 15; Harte-Bavendamm/Henning-Bodewig/*Keller*, § 2 Rn. 166; Ullmann/*Ullmann*, § 3 Rn. 20; Köhler/Bornkamm/*Köhler*, § 3 Rn. 44.
323 Götting/Nordemann/*Wirtz*, § 3 Rn. 55; Köhler/Bornkamm/*Köhler*, § 3 Rn. 49.
324 Köhler/Bornkamm/*Köhler*, § 3 Rn. 50.
325 Götting/Nordemann/*Wirtz*, § 3 Rn. 55.

können, die das überklebte Plakat beworben hat. Diese mögliche Beeinträchtigung der Informationsfreiheit ist jedoch zu unterscheiden von der weitergehenden Beeinträchtigung der Fähigkeit zu einer selbstbestimmten rational-kritischen Entscheidung aufgrund der zur Verfügung stehenden Informationen. Ein Verbraucher fällt seine geschäftliche Entscheidung regelmäßig nicht nur auf Grundlage eines (nicht) wahrgenommenen Plakats. Er hat die Möglichkeit, aus einer Vielzahl weiterer Quellen (z. B. andere nicht überklebte Plakate, Zeitungsannoncen, Radio- oder Fernsehwerbung) Informationen zu erlangen, bevor er seine geschäftliche Entscheidung fällt. Von den Wildplakatierungen geht keinerlei Zeitdruck oder psychischer Zwang aus, der den Verbraucher an einer Einholung weiterer Informationen hindern würde. Vor diesem Hintergrund sind Wildplakatierungen weder in Form des Überklebens fremder Plakate noch in Form des Beklebens nicht angemieteter Anschlagsflächen geeignet, die Fähigkeit eines Verbrauchers zu einer autonomen rational-kritischen Entscheidung auf Grundlage der verfügbaren Informationen zu beeinträchtigen. Eine abweichende Beurteilung ist auch in den äußerst unwahrscheinlichen Fällen nicht angebracht, in denen ein Verbraucher nicht nur einmal, sondern mehrmals mit Wildplakatierungen konfrontiert wird, durch die dieselben Plakate an verschiedenen Stellen unerlaubt angebracht werden oder durch die dieselben Plakate an verschiedenen Stellen überklebt werden. Auch in diesen Fällen stehen dem Verbraucher weitere Informationsquellen zur Verfügung, die er nutzen kann.

Davon abgesehen weisen Wildplakatierungen auch nicht den für ein Eingreifen des § 3 Abs. 2 S. 1 UWG erforderlichen Unrechtsgehalt auf. Dies zeigt ein vergleichender Blick auf die verbraucherschützenden Beispieltatbestände und deren Unrechtsgehalt, hinter dem die fragliche Verhaltensweise nicht zurückstehen darf.[326] Zieht man beispielsweise § 4 Nr. 1 UWG heran, so erschöpft sich dessen Unrechtsgehalt nicht schon in der bloßen Eignung zur Beeinträchtigung der Entscheidungsfreiheit von Verbrauchern, sondern fordert darüber hinaus noch weitere Qualifikationsmerkmale, wie etwa eine Beeinträchtigung durch Ausübung von Druck, in menschenverachtender Weise etc. Werden diese vom UWG ausdrücklich als unlauter festgelegten Verhaltensweisen den vorliegend in Frage stehenden Wildplakatierungen gegenübergestellt, so fällt auf, dass bloße Wildplakatierungen kein den vorgenannten Qualifikationsmerkmalen vergleichbares Merkmal und damit keinen vergleichbaren Unrechtsgehalt aufweisen. Dies wäre jedoch erforderlich, um einen Gleichlauf der vom UWG sanktionierten geschäftlichen Handlungen sicherzustellen und eine gewisse Schwelle, ab deren Überschreiten das UWG erst greift, aufrechtzuerhalten. Aus diesen Gründen sind Wildplakatierungen weder in Form des Überklebens fremder Plakate noch in

---

326 Vgl. Ullmann/*Ullmann*, § 3 Rn. 17 f.

Form des Beklebens nicht angemieteter Anschlagsflächen unzulässig i. S. d. § 3 Abs. 2 S. 1 UWG.

3. Unzulässigkeit nach § 3 Abs. 1 UWG

Somit ist eine Unzulässigkeit von Wildplakatierungen nur noch in Form der Beeinträchtigung der Interessen von Mitbewerbern oder sonstigen Marktteilnehmer unter den Voraussetzungen des § 3 Abs. 1 UWG denkbar. Unlautere geschäftliche Handlungen sind nach § 3 Abs. 1 UWG unzulässig, wenn sie geeignet sind, die Interessen von Mitbewerbern oder sonstigen Marktteilnehmern spürbar zu beeinträchtigen. Dabei ist im Rahmen der Konkretisierung des § 3 Abs. 1 UWG erneut zu beachten, dass sich die nach § 3 UWG als unlauter qualifizierten Verhaltensweisen nicht zu den Vorschriften der §§ 4 ff. UWG in Widerspruch setzen dürfen und § 3 UWG dementsprechend nicht zu einem Verbot weniger gravierender Handlungen führen darf.[327]

§ 3 Abs. 1 UWG setzt die Unlauterkeit von geschäftlichen Handlungen voraus. Der weit gefasste Begriff der Unlauterkeit im Rahmen des § 3 Abs. 1 UWG bedarf einer Konkretisierung.[328] Geschäftliche Handlungen sind – wie schon im Rahmen des UWG 2004 – dann unlauter, wenn sie in Anlehnung an Art. 10 bis Abs. 2 PVÜ den anständigen Gepflogenheiten in Handel, Gewerbe, Handwerk oder selbstständiger beruflicher Tätigkeit widersprechen.[329] Als Maßstäbe für die Konkretisierung kommen insbesondere die Schutzzweckbestimmungen des § 1 UWG, die Grundrechte oder auch das Unionsrecht in Betracht.[330] Die

---

327 BGH, Urt. v. 13.7.2006, BGHZ 168, 314, 321 Rn. 29; Köhler/Bornkamm/*Köhler*, § 3 Rn. 65a u. Rn. 68; Münchener Kommentar/*Sosnitza*, UWG, § 3 Rn. 9; Harte-Bavendamm/Henning-Bodewig/*Schünemann*, § 3 Rn. 102; *Emmerich*, Unlauterer Wettbewerb, § 5 Rn. 27; Ullmann/*Ullmann*, § 3 Rn. 17 f.

328 Götting/Nordemann/*Wirtz*, § 3 Rn. 65; Piper/Ohly/Sosnitza/*Sosnitza*, § 3 Rn. 17; Köhler/Bornkamm/*Köhler*, § 3 Rn. 67; zur Unlauterkeit i. R. d. § 3 UWG a.F. vgl.: *Lettl*, Das neue UWG, Rn. 136; Heidelberger Kommentar/*Plaß*, § 3 Rn. 45; *Saidi*, „Wildes" Plakatieren S. 107.

329 BT-Drucks. 15/1487 S. 16; BT-Drucks. 16/10145 S. 15; *Kulka*, DB 2008, 1548, 1554; Piper/Ohly/Sosnitza/*Sosnitza*, § 3 Rn. 9.

330 Zu den Schutzzweckbestimmungen des § 1 UWG als Konkretisierungsmaßstab: Fezer/*Fezer*, § 3 Rn. 214; Piper/Ohly/Sosnitza/*Sosnitza*, § 3 Rn. 18; Köhler/Bornkamm/*Köhler*, § 3 Rn. 96 f.; zu den Grundrechten als Konkretisierungsmaßstab: Fezer/*Fezer*, § 3 Rn. 211; Piper/Ohly/Sosnitza/*Sosnitza*, § 3 Rn. 24; Harte-Bavendamm/Henning-Bodewig/*Schünemann*, § 3 Rn. 314; Köhler/Bornkamm/*Köhler*, § 3 Rn. 72 ff.; zum Unionsrecht als Konkretisierungsmaßstab: Köhler/Bornkamm/*Köhler*, § 3 Rn. 69 ff.; Piper/Ohly/Sosnitza/*Sosnitza*, § 3 Rn. 19 ff.

Beurteilung der Unlauterkeit unterliegt zudem einer Abwägung der Interessen der an der geschäftlichen Handlung Beteiligten.[331]

a) Überkleben der Plakate von Mitbewerbern ohne gezielte Behinderung

Die Unlauterkeit ist zunächst im Hinblick auf Wildplakatierungen in Form des Überklebens der Plakate von Mitbewerbern ohne gezielte Behinderung zu untersuchen. Da die Fälle der gezielten Behinderung bereits im Rahmen des Beispieltatbestands des § 4 Nr. 10 UWG behandelt wurden, geht es vorliegend nur noch um die Fälle des Überklebens, die nicht als gezielte Behinderung eingestuft werden konnten. Durch die Generalklausel des § 3 Abs. 1 UWG dürfen keine Tatbestände für unlauter erklärt werden, deren Umstände bereits im Rahmen der Beispieltatbestände zu berücksichtigen sind und die, wie bereits dargestellt, hinter dem Unrechtsgehalt der von den Beispieltatbeständen behandelten Verhaltensweisen zurückstehen.[332] Die dem nicht gezielten Überkleben von Plakaten eines Mitbewerbers zugrunde liegenden Umstände wurden jedoch schon im Rahmen des § 4 Nr. 10 UWG berücksichtigt und dort mangels Zielgerichtetheit abgelehnt. Es würde eine Untergrabung der von den Beispieltatbeständen aufgestellten, mit Qualifiaktionsmerkmalen ausgestatteten Unrechtsschwellen darstellen, wenn das nicht gezielte Überkleben der Plakate von Mitbewerbern über § 3 Abs. 1 UWG doch wieder als unlauter einzustufen wäre. Diese Form von Wildplakatierung weist mangels Zielgerichtetheit gerade kein Qualifikationsmerkmal auf, das einen zu § 4 Nr. 10 UWG vergleichbaren Unrechtsgehalt begründet. Wildplakatierungen in Form des nicht gezielten Überklebens der Plakate von Mitbewerbern sind daher nicht unlauter i. S. v. § 3 Abs. 1 UWG.

b) Überkleben von Plakaten sonstiger Marktteilnehmer

Denkbar wäre noch die Unlauterkeit des Überklebens von Plakaten sonstiger Marktteilnehmer. Als sonstiger Marktteilnehmer kommt im Rahmen der Wildplakatierungen nur das Plakatierunternehmen in Betracht, dessen Mitbewerbereigenschaft mit Blick auf das Überkleben von Plakaten aber gerade aus dem Grund verneint wurde, weil die Wildplakatierungen schon keine Behinderung des

---

331 BGH, Urt. v. 25.1.2001, GRUR 2001, 1181, 1182; BGH, Urt. v. 9.2.2006, WRP 2006, 577, 578 Rn. 16; *Apostolopoulos*, WRP 2005, 152, 153; *Sack*, WRP 2005, 531, 533; Köhler/Bornkamm/*Köhler*, § 3 Rn. 102; Harte-Bavendamm/Henning-Bodewig/ *Schünemann*, § 3 Rn. 279.

332 Vgl. OLG Frankfurt a. M., Urt. v. 4.8.2005, GRUR 2005, 1064, 1066; Köhler/Bornkamm/*Köhler*, § 3 Rn. 65a; Harte-Bavendamm/Henning-Bodewig/*Schünemann*, § 3 Rn. 101 f.; Münchener Kommentar/*Sosnitza*, UWG, § 3 Rn. 9.

Wettbewerbs des Plakatierunternehmens darstellen.[333] Durch die Wildplakatierung wird nicht das Plakat des Plakatierunternehmens, sondern das seines Auftraggebers überklebt.

Zudem müsste auch hier die Frage gestellt werden, ob eine derartige Wildplakatierung überhaupt dem Unrechtsgehalt des § 4 Nr. 10 UWG vergleichbar wäre. Bei den Fällen des nicht gezielten Überklebens kann dies aus den bereits aufgezeigten Gründen abgelehnt werden. Bei gezieltem Überkleben ist zu beachten, dass § 4 Nr. 10 UWG im Gegensatz zu anderen Beispieltatbeständen wie § 4 Nr. 1 UWG oder § 4 Nr. 11 UWG qualifizierend nur auf Mitbewerber, nicht auch auf sonstige Marktteilnehmer abstellt. Somit ist die Einordnung des Plakatierunternehmens als Mitbewerber oder Marktteilnehmer ein Umstand, der bereits im Rahmen des § 4 Nr. 10 UWG zu berücksichtigen war und dessen Bescheidung zugunsten eines Marktteilnehmers dem Unrechtsgehalt des § 4 Nr. 10 UWG nicht nachkäme. Aus diesen Gründen sind Wildplakatierungen in Form des Überklebens von Plakaten sonstiger Marktteilnehmer ebenfalls nicht unlauter i. S. d. § 3 Abs. 1 UWG.

c) Wildplakatierungen auf nicht angemieteten Anschlagsflächen

Die Frage der Unlauterkeit nach § 3 Abs. 1 UWG stellt sich schließlich noch in den Fällen, in denen Wildplakatierungen auf nicht angemieteten, wettbewerblich genutzten Anschlagsflächen erfolgen.

Während im Rahmen der Feststellung der Mitbewerbereigenschaft bei branchengleichen Unternehmen sowie Eigentümern bzw. sonstigen Nutzungsberechtigten der plakatierten Fläche noch die Möglichkeit einer nachteiligen Auswirkung auf den Wettbewerb dieser Rechtssubjekte bejaht werden konnte,[334] reicht dies für die Feststellung der Unlauterkeit im Rahmen des § 3 Abs. 1 UWG nicht mehr aus. Es fehlt auch hier erneut an der im Vergleich zu den Beispieltatbeständen hinreichenden Schwere, die ein Eingreifen der UWG-Vorschriften rechtfertigen könnte. Daran ändert im Hinblick auf den Eigentümer der Anschlagsfläche auch die Tatsache nichts, dass durch das Bekleben in das grundrechtlich geschützte Eigentumsrecht nach Art. 14 GG eingegriffen wird. Zwar stellen auch Grundrechte einen Konkretisierungsmaßstab für die Generalklausel des § 3 Abs. 1 UWG dar,[335] allerdings ist auch dieser Umstand allein bei wertender Betrachtung nicht gravierend genug, um eine Unlauterkeit annehmen zu können.

---

333 Siehe S. 77 f. dieser Abhandlung.
334 Siehe S. 75 ff. und S. 78 f. dieser Abhandlung.
335 Fezer/*Fezer*, § 3 Rn. 211; Piper/Ohly/Sosnitza/*Sosnitza*, § 3 Rn. 24; Harte-Bavendamm/Henning-Bodewig/*Schünemann*, § 3 Rn. 314; Köhler/Bornkamm/*Köhler*, § 3 Rn. 72 ff.

Dies folgt zum einen schon daraus, dass durch Wildplakatierungen regelmäßig in nur sehr begrenztem Umfang in das Eigentumsrecht eingegriffen wird. Zum anderen lässt sich diese Eigentumsbeeinträchtigung durch Entfernung des Plakates in der Regel (abhängig von dem Mittel, das für die Anbringung verwendet wurde) wieder relativ leicht beseitigen. Diese Beurteilung führt auch nicht zu einer Schutzlosigkeit des Eigentümers, da dieser immer noch (allgemein-)zivilrechtlichen Eigentumsschutz in Anspruch nehmen kann.

Die Ablehnung der Unlauterkeit gilt mangels vergleichbarem Unrechtsgehalt erst recht für branchenfremde Unternehmen oder Plakatierunternehmen als sonstigen Marktteilnehmern.

Eine Unlauterkeit nach § 3 Abs. 1 UWG ist somit auch im Hinblick auf Wildplakatierungen in Form des Beklebens von nicht angemieteten Anschlagsflächen abzulehnen. Auf die weiteren Tatbestandsvoraussetzungen des § 3 Abs. 1 UWG kommt es folglich nicht mehr an.

§ 3 Rechtsfolgen, Einwendungen und Haftungssubjekte

A. Rechtsfolgen unzulässiger Wildplakatierungen

Als Rechtsfolgen unzulässiger geschäftlicher Handlungen in Form von Wildplakatierungen kommen ein Beseitigungs- und Unterlassungsanspruch nach § 8 Abs. 1 UWG, ein Schadensersatzanspruch nach § 9 S. 1 UWG sowie ein Auskunftsanspruch nach § 242 BGB in Betracht. Hinsichtlich einzelner Voraussetzungen dieser Ansprüche (Wiederholungsgefahr im Rahmen des § 8 Abs. 1 UWG und Schaden im Rahmen des § 9 S. 1 UWG) wird auf die entsprechenden Ausführungen im Kontext des BGB verwiesen.[336] Sofern darüber hinaus, abgesehen von der bereits dargestellten unzulässigen geschäftlichen Handlung, wettbewerbsrechtliche Besonderheiten bestehen, werden diese im Folgenden aufgezeigt.

---

336 Siehe zu der Voraussetzung des § 8 Abs. 1 UWG in Form der Wiederholungsgefahr S. 43 f. dieser Abhandlung u. zu der Voraussetzung des § 9 S. 1 UWG in Form des Schadens, auf den die § 249 ff. BGB entsprechend Anwendung finden, S. 54 f. dieser Abhandlung. Zur entsprechenden Anwendung der §§ 249 ff. BGB im Rahmen des § 9 S. 1 UWG: Fezer/*Koos*, § 9 Rn. 20; Heidelberger Kommentar/*Plaß*, § 9 Rn. 34.

I. Auskunftsanspruch

Im Rahmen eines Auskunftsanspruchs auf Grundlage des § 242 BGB i. V. m. einer Sonderbeziehung zur Feststellung der Identität des Plakatierers besteht die wettbewerbsrechtliche Besonderheit – in Abweichung von den (allgemein-)zivilrechtlichen Ausführungen – darin, dass die für den Auskunftsanspruch erforderliche Sonderbeziehung in dem gesetzlichen Schuldverhältnis zu sehen ist, das durch den konkreten Wettbewerbsverstoß begründet wird.[337] Als dem Auskunftsanspruch zugrunde liegender Hauptanspruch kommt im wettbewerbsrechtlichen Bereich zudem nur ein wettbewerbsrechtlicher Anspruch aus § 8 Abs. 1 UWG oder § 9 S. 1 UWG in Betracht.

II. Beseitigungs- und Unterlassungsanspruch nach § 8 Abs. 1 UWG

Im Rahmen eines Beseitigungs- und Unterlassungsanspruchs nach § 8 Abs. 1 UWG liegt die wettbewerbsrechtliche Besonderheit in der Frage nach dem Gläubiger dieses Anspruchs. Diese richtet sich nach § 8 Abs. 3 UWG. Danach kommen mit Blick auf Wildplakatierungen Mitbewerber nach § 8 Abs. 3 Nr. 1 UWG in Betracht, die unmittelbar verletzt und selbst betroffen sind.[338] Hinsichtlich der Mitbewerbereigenschaft wird auf die vorangegangenen Ausführungen verwiesen.[339] Anspruchsberechtigt wären folglich Mitbewerber, gegen deren Plakate sich die Wildplakatierungen durch gezieltes Überkleben gerichtet haben.[340] Weiterer Gläubiger kann auch ein Wirtschafts- und Berufsverband nach § 8 Abs. 3 Nr. 2 UWG sein, sofern von dessen Verbandsmitgliedern eine Vielzahl in ihren Interessen durch Wildplakatierungen in Form des gezielten Überklebens ihrer Plakate beeinträchtigt wurden.

III. Schadensersatzanspruch nach § 9 S. 1 UWG

Das im Rahmen des Schadensersatzanspruchs nach § 9 S. 1 UWG geforderte Verschulden wird bei Wildplakatierungen, die nach § 4 Nr. 10 UWG unlauter sind, in Form des Vorsatzes durch das Merkmal „gezielt", dem bereits ein gewis-

---

337 BGH, Urt. v. 24.3.1994, BGHZ 125, 322, 329; BGH, Urt. v. 23.2.1995, GRUR 1995, 427, 429; BGH, Urt. v. 17.5.2001, GRUR 2001, 841, 843; Harte-Bavendamm/Henning-Bodewig/*Bergmann*, Vor § 8 Rn. 13 f.; Köhler/Bornkamm/*Köhler*, § 9 Rn. 4.5; *Lettl*, Das neue UWG, Rn. 681.

338 BT-Drucks. 15/1487 S. 22; Köhler/Bornkamm/*Köhler*, § 8 Rn. 3.28; *Emmerich*, Unlauterer Wettbewerb, § 22 Rn. 6f.

339 Siehe S. 70 ff. dieser Abhandlung.

340 Vgl. Fezer/*Büscher*, § 8 Rn. 113.

ses Vorsatzelement immanent ist, indiziert. Eine weitere wettbewerbsrechtliche Besonderheit ist auch bei dem Schadensersatzanspruch die Eigenschaft des Gläubigers. Als solcher kommt nur derjenige Mitbewerber in Betracht, der verletzt,[341] also Ziel der nach § 4 Nr. 10 UWG i. V. m. § 3 Abs. 1 UWG unzulässigen Wildplakatierung ist.[342]

B. Unclean-Hands-Einwand

Der Geltendmachung eines im Vorfeld bejahten wettbewerbsrechtlichen Anspruchs kann eine dem Wildplakatierer zustehende Einwendung im Form eines Unclean-Hands-Einwands entgegenstehen. Ein Unclean-Hands-Einwand ist im Wesentlichen dann gegeben, wenn sich der Wildplakatierer auf wettbewerbswidriges Handeln in Form gleichartiger Wettbewerbsverstöße des Anspruchstellers bzw. von Mitbewerbern oder auf wettbewerbswidriges Handeln in Form andersartiger Wettbewerbsverstöße des Anspruchstellers beruft.[343] Im Folgenden wird daher untersucht, ob die Berufung des in Anspruch genommenen Wildplakatierers auf einen derartigen Unclean-Hands-Einwand zulässig ist.

I. Einwand gleichartiger Wettbewerbsverstöße von Mitbewerbern

Der Einwand des Wildplakatierers, dass auch andere Mitbewerber wild plakatieren, ist unbeachtlich. Allein der Umstand, dass mehrere Mitbewerber einen gleichartigen Wettbewerbsverstoß begehen, kann nicht zur Duldung des wettbewerbswidrigen Verhaltens führen.[344] Wäre dies der Fall, könnte gegen Wildplakatierungen, die in der heutigen Zeit vielerorts das Straßenbild prägen, nicht mehr effektiv vorgegangen werden.

II. Einwand wettbewerbswidrigen Verhaltens des Anspruchstellers

Der Unclean-Hands-Einwand des Wildplakatierers kann sich weiterhin gegen das Wettbewerbsverhalten des Anspruchstellers selbst richten. Schon das Reichsgericht hat die Zulässigkeit eines solchen Einwands mit der Begründung abgelehnt, dass das Wettbewerbsrecht zumindest auch dem Schutz der Allgemeinheit dient und ein öffentliches Interesse daran besteht, die Lauterkeit des

---

341 Piper/Ohly/Sosnitza/*Ohly*, § 9 Rn. 23; Fezer/*Koos*, § 9 Rn. 6.

342 Vgl. Köhler/Bornkamm/*Köhler*, § 9 Rn. 1.9.

343 *Friehe*, WRP 1987, 439, 440.

344 RG, Urt. v. 13.3.1944, GRUR 1944, 88, 89; BGH, Urt. v. 1.2.1967, 430, 432; BGH, Urt. v. 2.7.1971, GRUR 1971, 582, 584; OLG Stuttgart, Urt. v. 1.3.1996, NJW-RR 1996, 1515, 1516.

Wettbewerbs zu erhalten.[345] Dieser Rechtsprechung des Reichsgerichts hat sich der Bundesgerichtshof angeschlossen.[346] Bestätigt wird diese Rechtsprechung durch den aktuellen § 1 UWG, der in Satz 2 den Schutz des Allgemeininteresses an einem unverfälschten Wettbewerb nunmehr ausdrücklich normiert.

Aufgrund des öffentlichen Interesses an der Lauterkeit des Wettbewerbs kann es grundsätzlich nicht im Belieben des Anspruchsgegners stehen, ein Vorgehen gegen seinen Wettbewerbsverstoß durch Berufung auf einen Wettbewerbsverstoß des Anspruchstellers zu blockieren. Dabei kann es für den Schutz der Allgemeinheit keine Rolle spielen, ob der Anspruchsteller nur aus eigennützigen Gründen gegen den wettbewerbswidrig Handelnden vorgeht, oder ob er auch im öffentlichen Interesse handeln will; allein entscheidend ist vielmehr, dass das öffentliche Interesse überhaupt wahrgenommen wird.[347] Will sich der in Anspruch genommene Wildplakatierer gegen das wettbewerbswidrige Verhalten des Anspruchstellers wehren, kann er den derzeitigen Anspruchsteller selbst in Anspruch nehmen bzw. gerichtlich gegen ihn vorgehen.[348] Der in Anspruch genommene Wildplakatierer kann dem Anspruchsteller, der sich ebenfalls wettbewerbswidrig verhält, daher keinen Unclean-Hands-Einwand entgegensetzen.

C. Haftungssubjekte

Im Anschluss an die vorangegangenen Untersuchungen stellt sich nun noch die Frage, wer neben demjenigen, der die Wildplakatierungen eigenhändig begangen hat, diesen wettbewerbsrechtlichen Ansprüchen ausgesetzt ist.

Auch im Rahmen dieses Prüfungspunktes wird aufgrund der Tatsache, dass die bereits im Kontext des BGB behandelten Vorschriften[349] auch auf die wettbewerbsrechtlichen Vorschriften des § 8 Abs. 1 UWG und des § 9 S. 1 UWG Anwendung finden,[350] im Folgenden erneut nur noch auf wettbewerbsrechtliche Besonderheiten eingegangen.

---

345 RG, Urt. v. 24.1.1928, RGZ 120, 47, 49; RG, Urt. v. 29.4.1930, RGZ 128, 330, 343; RG, Urt. v. 15.11.1935, JW 1936, 806.

346 BGH, Urt. v. 1.2.1967, GRUR 1967, 430, 432; BGH, Urt. v. 2.7.1971, GRUR 1971, 582, 584; BGH, Urt. v. 26.11.1976, GRUR 1977, 494, 497.

347 Großkommentar/*Köhler*, Vor § 13 B. Rn. 487.

348 Vgl. RG, Urt. v. 13.3.1944, GRUR 1944, 88; BGH, Urt. v. 1.2.1967, GRUR 1967, 430, 432; BGH, Urt. v. 2.7.1971, GRUR 1971, 582, 584; Großkommentar/*Köhler*, Vor § 13 B. Rn. 488.

349 Siehe S. 56 ff. dieser Abhandlung.

350 Zur Anwendbarkeit der Organhaftung nach § 31 BGB: BT-Drucks. 15/1487 S. 22; Fezer/*Büscher*, § 8 Rn. 118; Harte-Bavendamm/Henning-Bodewig/*Goldmann*, § 9 Rn. 7; zur Anwendbarkeit der Anstiftung nach § 830 Abs. 2 BGB: BGH, Urt. v. 18.10.2001, GRUR 2002, 618,

I. Wildplakatierung durch einen Mitarbeiter des werbenden Unternehmens (Eigenplakatierung)

Eine Haftung des in den Fällen der Eigenplakatierung hinter dem wild plakatierenden Mitarbeiter stehenden werbenden Unternehmens kann sich aus § 8 Abs. 2 UWG ergeben, wonach Zuwiderhandlungen, die in einem Unternehmen von einem Mitarbeiter oder Beauftragten begangen werden, auch einen Beseitigungs- bzw. Unterlassungsanspruch gegen den Inhaber des Unternehmens begründen. § 8 Abs. 2 UWG greift nur im Rahmen des Beseitigungs- und Unterlassungsanspruchs nach § 8 Abs. 1 UWG, nicht auch im Rahmen des Schadensersatzanspruchs nach § 9 S. 1 UWG.[351] Auf einen Auskunftsanspruch findet § 8 Abs. 2 UWG nur dann Anwendung, wenn dieser der Durchsetzung eines Beseitigungs- und Unterlassungsanspruchs nach § 8 Abs. 1 UWG dient.[352] Voraussetzung des § 8 Abs. 2 UWG ist, dass der Mitarbeiter selbst dem § 3 UWG (ggf. i. V. m. §§ 4 ff. UWG) zuwidergehandelt hat, wodurch ein eigener Anspruch gegen den Mitarbeiter aus § 8 Abs. 1 UWG entstanden sein muss.[353]

Da § 8 Abs. 2 UWG eine Erfolgshaftung begründet,[354] der Anspruch somit also selbst dann entsteht, wenn das Unternehmen den Wettbewerbsverstoß seines Mitarbeiters weder veranlasst noch Kenntnis von den oder einen entsprechenden Willen bezogen auf die unlauteren Wettbewerbshandlungen hat,[355] ist der im Zusammenhang mit Wildplakatierungen anzunehmende Umstand unbeachtlich, dass ein werbendes Unternehmen seinen Mitarbeiter regelmäßig nur zur Begehung von ordnungsgemäßen Plakatierungen, nicht zu unerlaubten Wildplakatierungen anweist. Folge des § 8 Abs. 2 UWG ist ein selbstständiger Beseitigungs- und Unterlassungsanspruch aus § 8 Abs. 1 UWG gegen das werbende Unter-

619; Ahrens/*Jestaedt*, Wettbewerbsprozess, Kapitel 21 Rn. 4; *v. Gamm*, Unlauterer Wettbewerb, § 1 Rn. 282; *Köhler*, WRP 1997, 897, 899.

351 BT-Drucks. 15/1487 S. 22; *Emmerich*, Unlauterer Wettbewerb, § 21 Rn. 50; Fezer/*Büscher*, § 8 Rn. 219; Köhler/Bornkamm/*Köhler*, § 8 Rn. 2.35 u. Rn. 2.36; *Reichelsdorfer*, WRP 2004, 828, 830; zu § 13 IV UWG a.F. vgl.: BGH, Urt. v. 18.12.1986, GRUR 1987, 524, 525; BGH, Urt. v. 23.2.1995, GRUR 1995, 427, 428; BGH, Urt. v. 6.4.2000, GRUR 2001, 82, 83; *Teplitzky*, Wettbewerbsrechtliche Ansprüche, Kapitel 31 Rn. 10.

352 Köhler/Bornkamm/*Köhler*, § 8 Rn. 2.35; zu § 13 IV UWG a.F. vgl. BGH, Urt. v. 23.2.1995, GRUR 1995, 427 428.

353 Köhler/Bornkamm/*Köhler*, § 8 Rn. 2.38; Harte-Bavendamm/Henning-Bodewig/*Bergmann*, § 8 Rn. 240.

354 Piper/Ohly/Sosnitza/*Ohly*, § 8 Rn. 143; Köhler/Bornkamm/*Köhler*, § 8 Rn. 2.33; Harte-Bavendamm/Henning-Bodewig/*Bergmann*, § 8 Rn. 240.

355 BGH, Urt. v. 5.4.1995, GRUR 1995, 605, 607; OLG Schleswig, Urt. v. 21.3.1995, NJWE-WettbR 1996, 26, 28; *Ahrens*, GRUR 1996, 518, 519; Köhler/Bornkamm/*Köhler*, § 8 Rn. 2.33; *Reichelsdorfer*, WRP 2004, 828, 829; Fezer/*Büscher*, § 8 Rn. 216.

nehmen,[356] gegen den sich das werbende Unternehmen – anders als im Rahmen des § 831 Abs. 1 S. 2 BGB – nicht mit einem Entlastungsbeweis wehren kann.[357]

II. Wildplakatierung des eingeschalteten Unternehmens (Auftragsplakatierung)

Im Rahmen der Auftragsplakatierungen stellt sich die Frage, ob das mit Plakaten für seine Produkte werbende Unternehmen für die Wildplakatierungen einzustehen hat, die ein Unternehmen (Werbeagentur oder Plakatierunternehmen) begangen hat, welches das werbende Unternehmen zum Zwecke der Plakatierungen eingeschaltet hat. Auch im Hinblick auf derartige Wildplakatierungen kommt eine Haftung des werbenden Unternehmens nach § 8 Abs. 2 UWG in Betracht.

§ 8 Abs. 2 UWG findet nicht nur auf Mitarbeiter, sondern auch auf Beauftragte Anwendung. Der Begriff „Beauftragter" ist weit auszulegen.[358] Beauftragter i. S. d. § 8 Abs. 2 UWG ist derjenige, der, ohne Angestellter zu sein, aufgrund von vertraglichen oder anderen Beziehungen für das Unternehmen in der Form tätig ist, dass er zum Tätigkeitsfeld des Unternehmens gehörende Aufgaben wahrnimmt.[359] In diesem Sinne können grundsätzlich auch selbstständige Unternehmen, wie vorliegend Werbeagenturen oder Plakatierunternehmen, Beauftragte nach § 8 Abs. 2 UWG sein.[360] Die Qualifizierung eines selbstständigen Unternehmens als Beauftragter i. S. d. § 8 Abs. 2 UWG setzt jedoch zum einen voraus, dass der Auftraggeber auf die Tätigkeit des selbstständigen Unterneh-

---

356 Harte-Bavendamm/Henning-Bodewig/*Bergmann*, § 8 Rn. 255; *Ahrens*, GRUR 1996, 518, 519; *Fritzsche*, Unterlassungsanspruch, S. 422; Köhler/Bornkamm/*Köhler*, § 8 Rn. 2.32; *Teplitzky*, Wettbewerbsrechtliche Ansprüche, Kapitel 14 Rn. 19.

357 BGH, Urt. v. 5.4.1995, GRUR 1995, 605, 607; BGH, Urt. v. 29.6.2000, GRUR 2000, 907, 909; OLG Schleswig, Urt. v. 21.3.1995, NJWE-WettbR 1996, 26, 28; Ahrens/*Jestaedt*, Wettbewerbsprozess, Kapitel 21 Rn. 22; *Teplitzky*, Wettbewerbsrechtliche Ansprüche, Kapitel 14 Rn. 19; Harte-Bavendamm/Henning-Bodewig/*Bergmann*, § 8 Rn. 240.

358 RG, Urt. v. 22.5.1936, RGZ 151, 287, 292; BGH, Urt. v. 6.6.1958, BGHZ 28, 1, 10; BGH, Urt. v. 31.5.1990, GRUR 1990, 1039, 1040; *Köhler*, GRUR 1991, 344, 347; Köhler/Bornkamm/*Köhler*, § 8 Rn. 2.42.

359 RG, Urt. v. 22.5.1936, RGZ 151, 287, 292; BGH, Urt. v. 22.3.1963, GRUR 1963, 438, 439 f.; BGH, Urt. v. 31.5.1990, GRUR 1990, 1039, 1040; BGH, Urt. v. 5.4.1995, GRUR 1995, 605, 607; *Burmann*, WRP 1974, 68, 72; *Teplitzky*, Wettbewerbsrechtliche Ansprüche, Kapitel 14 Rn. 25; *Samwer*, WRP 1999, 67, 70; Köhler/Bornkamm/*Köhler*, § 8 Rn. 2.41.

360 Vgl. BGH, Urt. v. 22.9.1972, GRUR 1973, 208, 209; BGH, Urt. v. 31.5.1990, GRUR 1990, 1039, 1040; BGH, Urt. v. 25.4.1991, GRUR 1991, 772, 774; BGH, Urt. v. 25.11.1993, GRUR 1994, 219, 220; BGH, Urt. v. 5.4.1995, GRUR 1995, 605, 607; Harte-Bavendamm/Henning-Bodewig/*Bergmann*, § 8 Rn. 251; *v. Gamm*, Unlauterer Wettbewerb, § 13 Rn. 23; Heidelberger Kommentar/*Meckel*, § 8 Rn. 91.

mens entscheidenden Einfluss nehmen kann.[361] Zum anderen muss die Tätigkeit des selbstständigen Unternehmens dem Auftraggeber auch zugute kommen.[362]

Durch das Anbringen von Plakaten des damit für seine Produkte werbenden Unternehmens, das als Teil der Werbung zum Aufgabenbereich des werbenden Unternehmens zählt, wird das eingeschaltete Unternehmen im Tätigkeitsfeld des werbenden Unternehmens tätig. Die Plakatierungen kommen dem werbenden Unternehmen, auch wenn sie unerlaubt erfolgen, schon allein aufgrund der damit verbundenen Werbewirkung regelmäßig auch zugute (Ausnahme z. B. Plakatierungen, die in einer öffentliches Ärgernis erregenden Weise vorgenommen werden). Das für den Beauftragtenstatus erforderliche Bestehen von Einflussmöglichkeiten auf das eingeschaltete Unternehmen ist den vertraglichen Grundlagen der Beziehung zwischen dem werbenden und dem eingeschalteten Unternehmen zu entnehmen. Kann das werbende Unternehmen im Rahmen der bestehenden Vertragsbeziehung beispielsweise in Form von Vertragsbeendigung, Schadensersatzansprüchen oder auch Vertragsstrafe bei Vertragsverstößen auf das eingeschaltete Unternehmen Einfluss nehmen, ist eine Einflussmöglichkeit und damit eine Beauftragtenstellung i. S. d. § 8 Abs. 2 BGB zu bejahen.

Unterliegt das eingeschaltete Unternehmen darüber hinaus einer eigenen Haftung aus § 8 Abs. 1 UWG,[363] haftet auch das werbende Unternehmen nach § 8 Abs. 2 UWG auf Beseitigung oder Unterlassung nach § 8 Abs. 1 UWG. Dass auch in diesen Fällen die Wildplakatierungen grundsätzlich auftragswidrig begangen werden, da das werbende Unternehmen regelmäßig nur einen Auftrag zu ordnungsgemäßen Plakatierungen erteilt, wirkt sich auf die Haftung des werbenden Unternehmens aufgrund der Erfolgshaftung des § 8 Abs. 2 UWG nicht aus.[364]

Zieht das für die Durchführung der Werbemaßnahmen eingeschaltete Unternehmen zur Ausführung der in diesem Rahmen anfallenden Plakatierungen wiederum selbst ein Subunternehmen, z. B. ein Plakatierunternehmen, hinzu, so haftet das werbende Unternehmen als ursprünglicher Auftraggeber grundsätzlich

---

361 BGH, Urt. v. 31.5.1990, GRUR 1990, 1039, 1040; Ahrens/*Jestaedt*, Wettbewerbsprozess, Kapitel 21 Rn. 32; Gloy/Loschelder/Erdmann/*Fritzsche*, Handbuch des Wettbewerbsrechts, § 79 Rn. 121; *Teplitzky*, Wettbewerbsrechtliche Ansprüche, Kapitel 14 Rn. 25.

362 BGH, Urt. v. 6.6.1958, BGHZ 28, 1, 10; BGH, Urt. v. 22.3.1963, GRUR 1963, 438, 439 f.; BGH, Urt. v. 31.5.1990, GRUR 1990, 1039, 1040; *Bülow*, BB 1975, 538; Heidelberger Kommentar/*Meckel*, § 8 Rn. 91; Ahrens/*Jestaedt*, Wettbewerbsprozess, § 21 Rn. 32.

363 Zum Erfordernis eines eigenen Wettbewerbsverstoßes des Beauftragten: vgl. BGH, Urt. v. 7.3.1996, GRUR 1996, 798, 800; Ahrens/*Jestaedt*, Wettbewerbsprozess, Kapitel 21 Rn. 22; Piper/Ohly/Sosnitza/*Ohly*, § 8 Rn. 146.

364 Vgl. Gloy/Loschelder/Erdmann/*Fritzsche*, Handbuch des Wettbewerbsrechts, § 79 Rn. 117; Harte-Bavendamm/Henning-Bodewig/*Bergmann*, § 8 Rn. 242; Fezer/*Büscher*, § 8 Rn. 216.

auch für die Handlungen des Subunternehmens.[365] Dies ergibt sich aus einer mehrfachen Anwendung des Art. 8 Abs. 2 UWG.[366]

§ 4 Ergebnis

Eine wettbewerbsrechtliche Haftung nach § 4 Nr. 10 UWG i. V. m. § 3 Abs. 1 UWG haben Wildplakatierungen zur Folge, durch die Plakate anderer Mitbewerber gezielt überklebt werden. Alle sonstigen Verhaltensweisen (nicht gezieltes Überkleben von Plakaten, gezieltes Überkleben von Plakaten sonstiger Marktteilnehmer, Bekleben von nicht angemieteten Anschlagsflächen oder von Flächen ohne Werbefunktion) führen, auch im Hinblick auf Verbraucher, mangels hinreichendem Unrechtsgehalt oder mangels wettbewerblicher Nutzung, zu keiner wettbewerbsrechtlichen Haftung.

Durch die unzulässigen Wildplakatierungen werden Rechtsfolgen in Form eines Beseitigungs- und Unterlassungsanspruchs nach § 8 Abs. 1 UWG oder eines Schadensersatzanspruchs nach § 9 S. 1 UWG ausgelöst. Im Falle fehlender Kenntnis der Identität des Wildplakatierers kann diese Information mittels eines Auskunftsanspruchs in Erfahrung gebracht werden. Den Rechtsfolgen unterliegen, abhängig von der jeweiligen Fallkonstellation (Eigen- oder Auftragsplakatierung), neben dem tatsächlichen Wildplakatierer auch das hinter diesem stehende, für seine Produkte mit Plakaten werbende Unternehmen.

---

365 BGH, Urt. v. 6.6.1958, BGHZ 28, 1, 12; BGH, Urt. v. 25.11.1993, GRUR 1994, 219, 220.

366 *Teplitzky*, Wettbewerbsrechtliche Ansprüche, Kapitel 14 Rn. 26; Ahrens/*Jestaedt*, Wettbewerbsprozess, Kapitel 21 Rn. 37; Fezer/*Büscher*, § 8 Rn. 225.

Schlussbemerkung

Die vorgenommenen Untersuchungen aus (allgemein-)zivilrechtlicher und wettbewerbsrechtlicher Sicht haben zu folgenden Erkenntnissen geführt:

1. Der Anwendungsbereich des BGB ist im Vergleich zum Anwendungsbereich des UWG weiter, da das UWG nur auf kommerzielle Wildplakatierungen Anwendung findet, die als geschäftliche Handlungen eingestuft werden können, während das BGB auch Wildplakatierungen von Privatpersonen erfasst, die damit ihre Meinung kundtun wollen.

2. Die Schwellen, bei deren Überschreiten eine Verletzungshandlung ein Eingreifen des BGB und des UWG auslöst, sind unterschiedlich hoch. Während die Haftung nach dem BGB, unabhängig von ihrer Intensität, grundsätzlich auf jede Rechtsgutsverletzung Anwendung findet, greift das UWG nur dann, wenn die unlautere geschäftliche Handlung von ihrem Unrechtsgehalt her mit demjenigen der im UWG geregelten Beispieltatbestände zur Unlauterkeit vergleichbar ist. Dies hat zur Folge, dass im Rahmen des UWG nur kommerzielle Wildplakatierungen in Form des gezielten Überklebens der Plakate von Mitbewerbern, im Rahmen des BGB hingegen alle Formen von Wildplakatierungen sanktioniert werden können.

3. Ein Vergleich der Behandlung der Fälle der Auftragsplakatierung im Rahmen der gesetzlichen Haftung nach BGB und im Rahmen der Haftung nach UWG zeigt eine umfangreichere Haftung des werbenden Unternehmens für das eingeschaltete Unternehmen im Rahmen der Haftung nach UWG, da im Rahmen des BGB eine Anwendung von § 831 BGB und regelmäßig auch von § 31 BGB auf das eingeschaltete Unternehmen ausscheidet, während § 8 Abs. 2 UWG auch auf das eingeschaltete Unternehmen als Beauftragten Anwendung findet.

4. Dem Auskunftsanspruch kommt im Rahmen der Wildplakatierungen eine wichtige Rolle zu, da dieser es in den Fällen, in denen sich der Wildplakatierer von dem mit Plakaten werbenden Unternehmen unterscheidet, erst ermöglicht, die Identität des Wildplakatierers in Erfahrung zu bringen.

5. Der Inhalt eines Plakats oder Aufklebers kann für die Zulässigkeit einer Plakatierung entscheidend sein, z. B. bei der Frage, ob Plakatierungen auf der Innenseite des Fensters einer angemieteten Wohnung eine Störung des Haus-

friedens darstellen oder ob Plakatierungen objektiv geeignet sind, den Absatz des werbenden Unternehmens zu fördern.

6. Im Rahmen der vertraglichen Haftung nach BGB sind Plakatierungen auf der Innenseite des Fensters einer angemieteten Wohnung aufgrund der vorrangigen Meinungsfreiheit des Mieters vom Vermieter regelmäßig zu tolerieren, während Plakatierungen auf der Außenseite eines Mietobjekts aufgrund des größeren Störungspotenzials in beschränkterem Umfang zulässig sind.

7. Die Unterscheidung zwischen Behinderungs- und Substitutionswettbewerb im Rahmen der Feststellung der wettbewerbsrechtlichen Mitbewerbereigenschaft gewährleistet, abhängig vom Blickwinkel (Behinderung oder Substitution), eine spezifischere Feststellung der Mitbewerbereigenschaft.

8. Der Anwendungsbereich des § 3 Abs. 1 UWG als Auffangtatbestand für unlautere geschäftliche Handlungen ist aufgrund der durch die UWG-Reform 2004 geschaffenen Beispieltatbestände in den §§ 4 ff. UWG sowie dem durch die UWG-Reform 2008 geschaffenen § 3 Abs. 2 UWG stark eingeschränkt worden.

Literaturverzeichnis

Ahrens, Hans-Jürgen	Der Wettbewerbsprozeß, 6. Auflage, Köln 2009 (zitiert: Ahrens/*Bearbeiter*, Wettbewerbsprozess).
Ahrens, Hans-Jürgen	Unterlassungsschuldnerschaft beim Wechsel des Unternehmensinhabers – Zur materiellrechtlichen und prozessrechtlichen Kontinuität des Unterlassungsanspruchs –, GRUR 1996, 518-522.
Apostolopoulos, Haris	Einige Gedanken zur Auslegung der nationalen Generalklausel im Hinblick auf eine Vollharmonisierung des europäischen Lauterkeitsrechts, WRP 2005, 152-157.
Bamberger, Heinz Georg/ Roth, Herbert	Kommentar zum Bürgerlichen Gesetzbuch, Bände 1 (§§ 1-610, CISG) und 2 (§§ 611-1296, AGG, ErbbauRG, WEG), 3. Auflage, München 2012 (zitiert:Bamberger//Roth/*Bearbeiter*).
Baur, Jürgen F./ Stürner, Rolf	Sachenrecht, 18. Auflage, München 2009 (zitiert: *Baur/Stürner*, Sachenrecht).
Beater Axel	Mitbewerber und sonstige unternehmerische Marktteilnehmer, WRP 2009, 768-780.
Bechtold, Rainer	Kartellgesetz, Gesetz gegen Wettbewerbsbeschränkungen, Kommentar, 6. Auflage, München 2010 (zitiert: Bechtold/ *Bearbeiter*).
Berg, Hans	Der praktische Fall, JuS 1962, 73-77.

Borrmann, Bernd	Abwehr ideeller Immissionen im Grundstücksrecht, ZMR 1989, 130-132.
Brehm, Wolfgang/ Berger, Christian	Sachenrecht, 2. Auflage, Tübingen 2006 (zitiert: *Brehm/Berger*, Sachenrecht).
Brox, Hans/ Walker, Wolf-Dietrich	Allgemeiner Teil des BGB, 35. Auflage, München 2011 (zi tiert: *Brox/Walker*, Allgemeiner Teil BGB).
Bub, Wolf-Rüdiger/ Treier, Gerhard	Handbuch der Geschäfts- und Wohnraummiete, 3. Auflage, München 1999 (zitiert: Bub/Treier/ *Bearbeiter*, Handbuch der Geschäfts- und Wohnraummiete).
Bucher, Ewald	Anmerkung zu Urteil des LG Essen vom 22.2.1973 (Az: 10 S 648/72), NJW 1973, 2291-2292.
Bülow, Peter	Haftung der Werbeagentur gegenüber Dritten bei Verstößen gegen das Gesetz gegen den unlauteren Wettbewerb, BB 1975, 538-539.
Burmann, Hans Fr.	Haftung für Werbung und Wettbewerb, WRP 1974, 68-75.
Doepner, Ulf	Unlauterer Wettbewerb durch Verletzung von Marktzutrittsregelungen?, WRP 2003, 1292-1301.
Dreyer Gunda	Konvergenz oder Divergenz – Der deutsche und der europäische Mitbewerberbegriff im Wettbewerbsrecht, GRUR 2008, 123-130.
Emmerich, Volker	Unlauterer Wettbewerb, 9. Auflage, München 2012 (zitiert: *Emmerich*, Unlauterer Wettbewerb).
Emmerich, Volker	Kartellrecht, 11. Auflage, München 2008 (zitiert: *Emmerich,* Kartellrecht).

Emmerich, Volker/ Sonnenschein, Jürgen	Miete, §§ 535 bis 580a des Bürgerlichen Gesetzbuches, 10. Auflage, Berlin/Boston 2011 (zitiert: Emmerich/Sonnenschein/*Bearbeiter*).
Erman	Bürgerliches Gesetzbuch, Bände 1 (§§ 1-758, AGG, UklaG) und 2 (§§ 759-2385, ProdHaftG, ErbbauRG, VersAusglG, VBVG, LPartG, WEG, EGBGB), herausgegeben von Harm Peter Westermann, Barbara Grunewald und Georg Maier-Reimer, 13. Auflage, Köln 2011 (zitiert: Erman/*Bearbeiter*).
Fezer, Karl-Heinz	Lauterkeitsrecht, Kommentar zum Gesetz gegen den unlauteren Wettbewerb, Bände 1 (§§ 1-4) und 2 (§§ 5-22), 2. Auflage, München 2010, und 1. Auflage, München 2005 (zitiert: Fezer/*Bearbeiter*).
Fezer, Karl-Heinz	Eine Replik: Die Auslegung der UGP-RL vom UWG aus?, WRP 2010, 677-686.
Fikentscher, Wolfgang/ Heinemann, Andreas	Schuldrecht, 10. Auflage, Berlin 2006 (zitiert: *Fikentscher/Heinemann*, Schuldrecht).
Fischer, Thomas	Strafgesetzbuch, 58. Auflage, München 2011 (zitiert: *Fischer*).
Florack, Arnd/ Scarabis, Martin	Subtile Mächte, Gehirn & Geist 2002, 26-35.
Frankfurter Kommentar zum Kartellrecht	Band IV, §§ 1-19, herausgegeben von Wolfgang Jaeger, Petra Pohlmann, Dirk Schroeder, Köln, Loseblattsammlung, Stand 2010 (zitiert: Frankfurter Kommentar/*Bearbeiter*).
Frankfurter Kommentar zum Kartellrecht	Band V, §§ 20-73, herausgegeben von Wolfgang Jaeger, Petra Pohlmann, Dirk Schroeder, Köln, Loseblattsammlung, Stand 2008 (zitiert: Frankfurter Kommentar/*Bearbeiter*).

Friauf, Karl Heinrich/   Meinungsgrundrechte und Verfolgung von wirt-
Höfling, Wolfram   schaftlichen Belangen, AfP 1985, 249-257.

Friehe, Christian-F.   Unclean Hands und lauterer Wettbewerb, WRP
1987, 439-443.

Fritzsche, Jörg   Unterlassungsanspruch und Unterlassungsklage,
Berlin/ Heidelberg/New York 2000 (zitiert:
Fritzsche, Unterlassungsanspruch).

Gamm, Otto-Friedrich von   Gesetz gegen den unlauteren Wettbewerb, 3.
Auflage, Köln/ Berlin/Bonn/München 1993 (zi-
tiert: *v. Gamm*, Unlauterer Wettbewerb).

Gamm, Otto Friedrich von   Neuere Rechtsprechung zum Wettbewerbsrecht,
WM 1984 Sonderbeilage Nr. 6, 2-16.

Glaser, Hugo   Recht des Geschäftsraummieters auf Außenwer-
bung, WRP 1957, 1-3.

Gloy, Wolfgang/   Handbuch des Wettbewerbsrechts, 4. Auflage,
Loschelder, Michael/   München 2010 (zitiert: Gloy/Loschelder/Erd-
Erdmann Willi   mann/*Bearbeiter*, Handbuch des Wettbewerbs-
rechts).

Gössel, Karl Heinz   Wildes Plakatieren und Sachbeschädigung im
Sinne des § 303 StGB, JR 1980, 184-189.

Götting, Horst-Peter/   UWG, Handkommentar, Baden-Baden 2010
Nordemann, Axel   (zitiert: Götting/Nordemann/*Bearbeiter*).

Grigoleit, Klaus Joachim/   Grundrechtlicher Schutz und grundrechtliche
Kersten, Jens   Schranken kommerzieller Kommunikation,
DVBl. 1996, 596-605.

Großkommentar   Gesetz gegen den unlauteren Wettbewerb,
Zweiter Band, herausgegeben von Rainer Ja-
cobs, Walter F. Lindacher, Otto Teplitzky, Berlin 2006 (zitiert: Großkommentar/*Bearbeiter*).

Gursky Karl-Heinz	Ersparnisgedanke und Reserveursache im Bereicherungsrecht, JR 1972, 279-285.
Gursky Karl-Heinz	Zur Mitherausgabe von Gebrauchsvorteilen bei der Sachkondiktion, JR 1998, 7-14.
Hamann, Wolfgang	Das Wahlplakat im Fenster einer Mietwohnung, ZMR 1974, 323-324.
Harte-Bavendamm, Henning/ Henning-Bodewig, Frauke	Gesetz gegen den unlauteren Wettbewerb, 2. Auflage, München 2009, und 1. Auflage, München 2004 (zitiert: Harte-Bavendamm/Henning-Bodewig/*Bearbeiter*).
Haslinger, Stephanie	Schutzlos gegen rechtswidrigen Marktzutritt der öffentlichen Hand? – „Erwünschte Belebung des Wettbewerbs"?, WRP 2002, 1023-1028.
Heidelberger Kommentar zum Wettbewerbsrecht	herausgegeben von Friedrich L. Ekey, Diethelm Klippel, Jost Kotthoff, Astrid Meckel, Gunda Plaß, 2. Auflage, Heidelberg 2005 (zitiert: Heidelberger Kommentar/*Bearbeiter*).
Henning-Bodewig, Frauke	Die wettbewerbsrechtliche Haftung von Werbeagenturen, GRUR 1981, 164-173.
Immenga Ulrich/ Mestmäcker Ernst-Ulrich	Wettbewerbsrecht, Band 2. GWB, Kommentar zum deutschen Kartellrecht, 4. Auflage, München 2007 (zitiert: Immenga/Mestmäcker/*Bearbeiter*).
Ipsen, Jörn	Staatsrecht II, Grundrechte, 14. Auflage, München 2011 (zitiert: *Ipsen*, Staatsrecht II).
Jarass, Hans D./ Pieroth, Bodo	Grundgesetz, 11. Auflage, München 2011 (zitiert: Jarass/Pieroth/*Bearbeiter*).
Jauernig, Othmar	Bürgerliches Gesetzbuch, 14. Auflage, München 2011 (zitiert: Jauernig/*Bearbeiter*).

Kleinheyer, Gerd — Eingriffsbereicherung durch unbefugte Nutzung und Wertersatz, JZ 1961, 473-478.

Kling Michael/ Thomas Stefan — Kartellrecht, München 2007 (zitiert: *Kling/Thomas*, Kartellrecht).

Kloss, Ingomar — Werbung, 4. Auflage, München 2007 (zitiert: *Kloss*, Werbung).

Köhler Helmut/ Bornkamm Joachim — Gesetz gegen den unlauteren Wettbewerb, 30. Auflage, München 2012 (zitiert: Köhler/ Bornkamm/*Bearbeiter*).

Köhler, Helmut — Grenzstreitigkeiten im UWG, WRP 2010, 1293-1304.

Köhler, Helmut — Der „Mitbewerber", WRP 2009, 499-508.

Köhler, Helmut — Die UWG-Novelle 2008, WRP 2009, 109-117.

Köhler, Helmut — „Wettbewerbshandlung" und „Geschäftsprakti-ken" Zur richtlinienkonformen Auslegung des Begriffs der Wettbewerbshandlung und zu sei-ner Definition im künftigen UWG, WRP 2007, 1393-1397.

Köhler, Helmut — Die Beteiligung an fremden Wettbewerbsver-stößen, WRP 1997, 897-902.

Köhler, Helmut — Rechtsprechungsbericht zum Recht des unlaute-ren Wettbewerbs VII, GRUR-RR 2007, 129-138.

Köhler, Helmut — Der Rechtsbruchtatbestand im neuen UWG, GRUR 2004, 381-389.

Köhler, Helmut — Die Haftung des Betriebsinhabers für Wettbe-werbsverstöße seiner Angestellten und Beauf-tragten (§13 IV UWG), GRUR 1991, 344-353.

Kürzel, Otto	Zum Mangel der Mietsache und zu ihrem vertragswidrigen Gebrauch, ZMR 1974, 321-323.
Kulka, Michael	Der Entwurf eines „Ersten Gesetzes zur Änderung des Gesetzes gegen den unlauteren Wettbewerb", DB 2008, 1548-1557.
Lackner, Karl/ Kühl, Kristian	Strafgesetzbuch, 27. Auflage, München 2011 (zitiert: *Lackner/Kühl*).
Langen Eugen/ Bunte Hermann-Josef	Kommentar zum deutschen und europäischen Kartellrecht, Band 1, Deutsches Kartellrecht, 11. Auflage, Köln 2011 (zitiert: Langen/Bunte/ *Bearbeiter*).
Larenz Karl	Lehrbuch des Schuldrechts, Erster Band, Allgemeiner Teil, 14. Auflage, München 1987 (zitiert: *Larenz*, Schuldrecht AT).
Larenz Karl/ Canaris Claus-Wilhelm	Lehrbuch des Schuldrechts, Zweiter Band, Besonderer Teil, 2. Halbband, 13. Auflage, München 1994 (zitiert: *Larenz/ Canaris*, Schuldrecht BT).
Larenz, Karl/ Wolf, Manfred	Allgemeiner Teil des Bürgerlichen Gesetzbuchs, 9. Auflage, München 2004 (zitiert: *Larenz/Wolf*, Allgemeiner Teil BGB).
Leipziger Kommentar	Strafgesetzbuch, 10. Band, §§ 284 bis 305a, herausgegeben von Heinrich Wilhelm Laufhütte, Ruth Rissing-van Saan und Klaus Tiedemann, 12. Auflage, Berlin 2008 (zitiert: Leipziger Kommentar/*Bearbeiter*).
Lettl, Tobias	Das neue UWG, München 2004 (zitiert: *Lettl*, Das neue UWG).
Lettl, Tobias	Der unlautere Wettbewerb durch Rechtsbruch in der instanzgerichtlichen Rechtsprechung, GRUR-RR 2004, 225-228.

Lettl, Tobias

Das neue UWG, GRUR-RR 2009, 41-45.

Liebholz Gerhard/
Rinck Hans-Justus

Grundgesetz für die Bundesrepublik Deutschland, Band I, Art. 1-11, Köln, Loseblattsammlung, Stand: 2010 (zitiert: *Liebholz/Rinck*).

Lindner-Figura, Jan/
Oprée Frank/
Stellmann Frank

Geschäftsraummiete, 2. Auflage, München 2008 (zitiert: Lindner-Figura/Oprée/Stellmann/ *Bearbeiter*, Geschäftsraummiete).

Looschelders, Dirk

Schuldrecht Allgemeiner Teil, 9. Auflage, München 2011 (zitiert: Looschelders, Schuldrecht AT).

Looschelders, Dirk

Schuldrecht Besonderer Teil, 7. Auflage, München 2012 (zitiert: *Looschelders*, Schuldrecht BT).

Mangoldt, Hermann v./
Klein Friedrich/
Starck Christian

Kommentar zum Grundgesetz, Band 1, Präambel und Artikel 1 bis 19, 6. Auflage, München 2010 (zitiert: v. Mangoldt/Klein/ Starck/*Bearbeiter*).

Maunz, Theodor/
Dürig, Günter

Grundgesetz, Band I, Art. 1-5, herausgegeben von Roman Herzog, Rupert Scholz, Matthias Herdegen und Hans H. Klein, München, Loseblattsammlung Stand: 2005 (zitiert: Maunz/Dürig/*Bearbeiter*).

Medicus, Dieter/
Lorenz, Stephan

Schuldrecht I, Allgemeiner Teil, 19. Auflage, München 2010 (zitiert: *Medicus/Lorenz*, Schuldrecht I).

Münch, Ingo von/
Kunig, Philip

Grundgesetz, Band 1, Präambel bis Art. 69, 6. Auflage, München 2012 (zitiert: v. Münch/ Kunig/*Bearbeiter*).

Münchener Kommentar zum Bürgerlichen Gesetzbuch	Band 1, Allgemeiner Teil, §§ 1-240, ProstG, AGG, herausgegeben von Franz Jürgen Säcker und Roland Rixecker, 6. Auflage, München 2012 (zitiert: Münchener Kommentar/ *Bearbeiter*, BGB).
Münchener Kommentar zum Bürgerlichen Gesetzbuch	Band 2, Schuldrecht, Allgemeiner Teil, §§ 241-432, herausgegeben von Franz Jürgen Säcker, Roland Rixecker und Hartmut Oetker, 6. Auflage, München 2012 (zitiert: Münchener Kommentar/*Bearbeiter*, BGB).
Münchener Kommentar zum Bürgerlichen Gesetzbuch	Band 3, Schuldrecht, Besonderer Teil I, §§ 433-610, herausgegeben von Franz Jürgen Säcker und Roland Rixecker, 6. Auflage, München 2012 (zitiert: Münchener Kommentar/ *Bearbeiter*, BGB).
Münchener Kommentar zum Bürgerlichen Gesetzbuch	Band 5, Schuldrecht, Besonderer Teil III, §§ 705-853, Partnerschaftsgesellschaftsgesetz, Produkthaftungsgesetz, herausgegeben von Franz Jürgen Säcker und Roland Rixecker, 5. Auflage, München 2009 (zitiert: Münchener Kommentar/ *Bearbeiter*, BGB).
Münchener Kommentar zum Bürgerlichen Gesetzbuch	Band 6, Sachenrecht, §§ 854-1296, Wohnungseigentumsgesetz, Erbbaurechtsgesetz, herausgegeben von Franz Jürgen Säcker und Roland Rixecker, 5. Auflage, München 2009 (zitiert: Münchener Kommentar/*Bearbeiter*, BGB).
Münchener Kommentar zum Lauterkeitsrecht	Band 1, §§ 1-4 UWG, herausgegeben von Peter W. Heermann und Günter Hirsch, München 2006 (zitiert: Münchener Kommentar/*Bearbeiter*, UWG).
Münchener Kommentar zum Strafgesetzbuch	Band 4, §§ 263-358 StGB, §§ 1-8, 105, 106 JGG, herausgegeben von Wolfgang Joecks und Klaus Miebach, München 2006 (zitiert: Münchener Kommentar/ *Bearbeiter*, StGB).

Nordemann Axel/	Wettbewerbsrecht Markenrecht, 11. Auflage,
Nordemann Jan Bernd/	Baden-Baden 2012 (zitiert: *Nordemann*,
Nordemann-Schiffel Anke	Wettbewerbsrecht).

Omsels Hermann-Josef   Zur Unlauterkeit der gezielten Behinderung von Mitbewerbern (§ 4 Nr. 10 UWG), WRP 2004, 136-145.

Palandt   Bürgerliches Gesetzbuch, 71. Auflage, München 2012 (zitiert: Palandt/*Bearbeiter*).

Pieroth Bodo/
Schlink Bernhard   Grundrechte Staatsrecht II, 27. Auflage, Heidelberg, München, Landsberg, Frechen, Hamburg 2011.

Piper, Henning/
Ohly, Ansgar/
Sosnitza Olaf   Gesetz gegen den unlauteren Wettbewerb, 5. Auflage, München 2010 (zitiert: Piper/Ohly/Sosnitza/*Bearbeiter*).

Prütting Hanns   Sachenrecht, 34. Auflage, München 2010 (zitiert: *Prütting*, Sachenrecht).

Prütting Hanns/
Wegen Gerhard/
Weinreich Gerd   BGB Kommentar, 6. Auflage, Köln 2011 (zitiert: Prütting/Wegen/Weinreich/*Bearbeiter*).

Reichelsdorfer, Jörg   Schadenersatzhaftung für Angestellte und Beauftragte nach § 13 Abs. 4 UWG, WRP 2004, 828-834.

RGRK   Das Bürgerliche Gesetzbuch mit besonderer Berücksichtitigung der Rechtsprechung des Reichsgerichts und des Bundesgerichtshofes, 12. Auflage, Berlin/New York 1982-1989 (zitiert: RGRK/*Bearbeiter*).

Sack, Rolf   Gesetzwidrige Wettbewerbshandlungen nach der UWG-Novelle, WRP 2004, 1307-1320.

Sack, Rolf	Die lückenfüllende Funktion der Generalklausel des § 3 UWG, WRP 2005, 531-544.
Saidi, Andreas	„Wildes" Plakatieren, Hamburg 2006 (zitiert: *Saidi*, „Wildes" Plakatieren).
Samwer, Sigmar-Jürgen	Die Störerhaftung und die Haftung für fremdes Handeln im Wettbewerblichen Unterlassungsrecht, WRP 1999, 67-70.
Scherer, Inge	Die „Verbrauchergeneralklausel" des § 3 II 1 UWG – eine überflüssige Norm, WRP 2010, 586-592.
Schlechtriem, Peter	Schuldrecht Besonderer Teil, 6. Auflage, Tübingen 2003 (zitiert: *Schlechtriem*, Schuldrecht BT).
Schmidt-Futterer, Wolfgang	Mietrecht, Großkommentar des Wohn- und Gewerberaummietrechts, 10. Auflage, München 2011 (zitiert: Schmidt-Futterer/*Bearbeiter*).
Schmitt Glaeser, Walter	Die Meinungsfreiheit in der Rechtsprechung des Bundesverfassungsgerichts, AöR 113 (1988), 52-100.
Schönke, Adolf/ Schröder, Horst	Strafgesetzbuch, 28. Auflage, München 2010, (zitiert: Schönke/Schröder/*Bearbeiter*).
Schweiger, Günter/ Schrattenecker, Gertraud	Werbung, 6. Auflage, Stuttgart 2005 (zitiert: *Schweiger/Schrattenecker*, Werbung).
Soergel	Bürgerliches Gesetzbuch, Band 1, Allgemeiner Teil, §§ 1-103, 13. Auflage, Stuttgart/Berlin/ Köln/Mainz 2000 (zitiert: Soergel/*Bearbeiter*).
Soergel	Bürgerliches Gesetzbuch, Band 2, Schuldrecht I, §§ 241-432, 12. Auflage, Stuttgart/Berlin/Köln 1990 (zitiert: Soergel/*Bearbeiter*).

Soergel	Bürgerliches Gesetzbuch, Band 8, Schuldrecht 6, §§ 535-610, 13. Auflage, Stuttgart 2007 (zitiert: Soergel/ *Bearbeiter*).
Soergel	Bürgerliches Gesetzbuch, Band 4/1, Schuldrecht III/1, §§ 516-651, 12. Auflage, Stuttgart/Berlin/Köln 1997 (zitiert: Soergel/*Bearbeiter*).
Soergel	Bürgerliches Gesetzbuch, Band 11/3, Schuldrecht 9/3, §§ 780-822, 13. Auflage, Stuttgart 2011 (zitiert: Soergel/*Bearbeiter*).
Soergel	Bürgerliches Gesetzbuch, Band 12, Schuldrecht 10, §§ 823-853, ProdHG, UmweltHG, 13. Auflage, Stuttgart 2005 (zitiert: Soergel/*Bearbeiter*).
Soergel	Bürgerliches Gesetzbuch, Band 14, Sachenrecht 1, §§ 854-984, 13. Auflage, Stuttgart 2002 (zitiert: Soergel/ *Bearbeiter*).
Soergel	Bürgerliches Gesetzbuch, Band 15/1, Sachenrecht 2/1, §§ 985-1017, ErbbauVO, 13. Auflage, Stuttgart 2007 (zitiert: Soergel/*Bearbeiter*).
Sosnitza, Olaf	Der Gesetzentwurf zur Umsetzung der Richtlinie über unlautere Geschäftspraktiken, WRP 2008, 1014-1034.
Staudinger, Julius von	Kommentar zum Bürgerlichen Gesetzbuch, Buch 1, Allgemeiner Teil, §§ 21-79, Berlin 2005 (zitiert: Staudinger Kommentar/ *Bearbeiter*).
Staudinger, Julius von	Kommentar zum Bürgerlichen Gesetzbuch, Buch 1, Allgemeiner Teil, §§ 90-133; §§ 1-54, 63 BeurkG, Berlin 2004 (zitiert: Staudinger Kommentar/*Bearbeiter*).

Staudinger, Julius von

Kommentar zum Bürgerlichen Gesetzbuch, Buch 2, Recht der Schuldverhältnisse, Einleitung zum Schuldrecht; §§ 241-243, Berlin 2009 (zitiert: Staudinger Kommentar/*Bearbeiter*).

Staudinger, Julius von

Kommentar zum Bürgerlichen Gesetzbuch, Buch 2, Recht der Schuldverhältnisse, §§ 255-304, Berlin 2009 (zitiert: Staudinger Kommentar/ *Bearbeiter*).

Staudinger, Julius von

Kommentar zum Bürgerlichen Gesetzbuch, Buch 2, Recht der Schuldverhältnisse, §§ 535-562d; HeizkostenV; BetrKV, Berlin 2011 (zitiert: Staudinger Kommentar/*Bearbeiter*).

Staudinger, Julius von

Kommentar zum Bürgerlichen Gesetzbuch, Buch 2, Recht der Schuldverhältnisse, §§ 631-651, Berlin 2008 (zitiert: Staudinger Kommentar/*Bearbeiter*).

Staudinger, Julius von

Kommentar zum Bürgerlichen Gesetzbuch, Buch 2, Recht der Schuldverhältnisse, §§ 812-822, Berlin 2007 (zitiert: Staudinger Kommentar/*Bearbeiter*).

Staudinger, Julius von

Kommentar zum Bürgerlichen Gesetzbuch, Zweites Buch, Recht der Schuldverhältnisse, §§ 823-825, Berlin 1999 (zitiert: Staudinger Kommentar/*Bearbeiter*).

Staudinger, Julius von

Kommentar zum Bürgerlichen Gesetzbuch, Buch 2, Recht der Schuldverhältnisse, §§ 823 E-I, 824, 825, Berlin 2009 (zitiert: Staudinger Kommentar/*Bearbeiter*).

Staudinger, Julius von

Kommentar zum Bürgerlichen Gesetzbuch, Buch 2, Recht der Schuldverhältnisse, §§ 830-838, Berlin 2008 (zitiert: Staudinger Kommentar/*Bearbeiter*).

Staudinger, Julius von	Kommentar zum Bürgerlichen Gesetzbuch, Buch 3, Sachenrecht, Einleitung zum Sachenrecht, §§ 854-882, Berlin 2007 (zitiert: Staudinger Kommentar/*Bearbeiter*).
Staudinger, Julius von	Kommentar zum Bürgerlichen Gesetzbuch, Buch 3, Sachenrecht, §§ 903-924, Berlin 2002 (zitiert: Staudinger Kommentar/*Bearbeiter*).
Staudinger, Julius von	Kommentar zum Bürgerlichen Gesetzbuch, Buch 3, Sachenrecht, §§ 985-1011, Berlin 2006 (zitiert: Staudinger Kommentar/*Bearbeiter*).
Stegmaier	Außenwandreklame an der Mietwohnung, ZMR 1968, 67.
Sternel Friedemann	Mietrecht aktuell, 4. Auflage, Köln 2009 (zitiert: *Sternel*, Mietrecht).
Storch	Anmerkung zu Urteil des BGH v. 21.12.1973 (Az: I ZR 161/71), GRUR 1974, 352.
Stürner, Rolf	Anmerkung zu Urteil des BGH v. 4.7.1975 (Az: I ZR 115/73), JZ 1976, 320-323.
Teplitzky, Otto	Wettbewerbsrechtliche Ansprüche und Verfahren, Unterlassung-Beseitigung, Auskunft-Schadenersatz; Anspruchsdurchsetzung und Anspruchsabwehr, 9. Auflage, Köln/ Berlin/ München 2007 (zitiert: *Teplitzky*, Wettbewerbsrechtliche Ansprüche).
Theißen, Rolf	Konkurrenzschutz im Gewerberaummietvertrag in der neueren Rechtsprechung, WiB 1995, 66-69.
Ullmann, Eike	juris Praxiskommentar UWG, 2. Auflage, Saarbrücken 2009 (zitiert: Ullmann/*Bearbeiter*).

Ullmann, Eike

Das Koordinatensystem des Rechts des unlauteren Wettbewerbs im Spannungsfeld von Europa und Deutschland, GRUR 2003, 817-825.

Vieweg, Klaus/
Werner, Almuth

Sachenrecht, 5. Auflage, München 2011 (zitiert: *Vieweg/Werner*, Sachenrecht).

Weimar, Wilhelm

Die Vermietung von Hauswand- und Dachflächen, MDR 1960, 195-196.

Weimar, Wilhelm

Das Recht des Geschäftsraummieters zur Außenwandreklame, DB 1972, 1957-1958.

Westermann, Harm Peter

Sachenrecht, 11. Auflage, Heidelberg 2005 (zitiert: *Westermann*, Sachenrecht).

Wieling Hans Josef

Sachenrecht, 5. Auflage, Berlin Heidelberg 2007 (zitiert: *Wieling*, Sachenrecht).

Wolf Manfred/
Wellenhofer Marina

Sachenrecht, 26. Auflage, München 2011 (zitiert: *Wolf/Wellenhofer*, Sachenrecht).